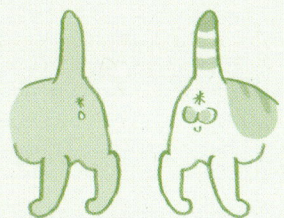

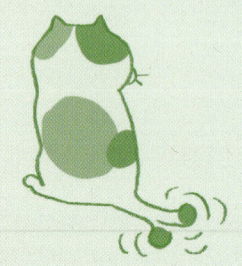

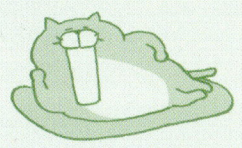

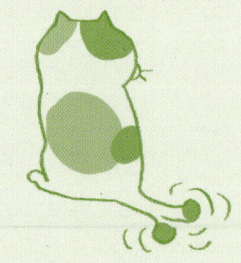

고·양·이·와·사·람·이·모·두·행·복·한
고양이를 위한 집 만들기

NEKO NO TAME NO IE ZUKURI
ⓒ X-Knowledge Co., Ltd. 2017
Originally published in Japan in 2017 by X-Knowledge Co., Ltd.
Korean translation rights arranged through BC Agency. SEOUL

이 책의 한국어판 저작권은 BC 에이전시를 통해 저작권사와 독점 계약한 시사문화사에게 있습니다.
저작권법에 의해 한국 내에서 보호를 받는 저작물이므로 무단 전재와 무단 복제를 금합니다.

고·양·이·와·사·람·이·모·두·행·복·한

고양이를 위한 집 만들기

이마이즈미 타다아키 · 카네마키 토모코 · 히로세 케이지 등 지음
한원형 · 조혜숙 옮김

시사문화사

시작하며

고양이가 살기 좋은 집

요즘 고양이와 생활하는 사람들이 많아지면서 각종 매체나 SNS에서도 반려 고양이 사진이나 동영상 등을 심심찮게 만날 수 있습니다. 집고양이의 생활 모습도 크게 바뀌었습니다. 예전에는 밖에서 놀다가 밥때가 되거나 잠잘 때가 되면 집으로 돌아오는 소위 '반 집고양이'가 많았다면, 요즘에는 주인의 주거공간 내에서만 생활하는 '온 집고양이'가 대세를 이루고 있습니다.

고양이가 온종일 사람이 생활하는 주거공간 내에서만 지낸다면 고양이만을 위한 운동공간이나 놀이공간이 필요합니다. 그렇지 않으면 스트레스를 풀기 위해 바닥이나 벽을 긁기도 하고, 화장실이 아닌 장소에 오줌을 흩뿌리는 등의 문제 행동을 일으킬 수 있습니다. 고양이의 문제 행동은 사람의 주거 환경도 엉망으로 만들기 때문에 고양이와의 쾌적한 환경을 영위하기 어렵습니다. 그러므로 고양이와 함께 생활하고자 한다면 고양이의 습성을 이해하고 배려한 환경을 만들어야 모두의 만족도가 높아질 것입니다.

그렇다면 고양이가 살기 좋은 집은 어떤 집일까요?

고양이가 어떤 집에 살고 싶은지, 어떤 가구가 필요한지 말해주면 좋으련만 그것은 불가능하니, 동물행동학자와 주택설계전문가의 식견을 빌려 고양이에게 필요한 주택 설계 방법과 각각의 기능을 소개하고자 합니다. 또한 고양이의 습성 및 생태와 사료, 화장실, 건강상태 체크 등 다양한 양육 정보를 귀여운 일러스트와 함께 쉽고 재미있게 설명할 것입니다.

이 책을 통해 독자 여러분께서 고양이와 쾌적하고 안전하게 공존할 수 있는 주거 환경을 만드는데 영감과 아이디어를 얻고, 일상생활에서도 고양이를 잘 이해하여 서로 교감을 높일 수 있게 되시길 바랍니다.

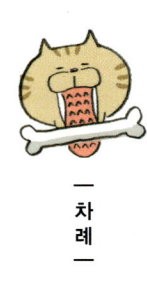

― 차례 ―

004　　시작하며 | 고양이가 살기 좋은 집

Part 1
고양이와 사람, 모두가 행복한 공간 만들기

| 012 | | 기본 생활 | 고양이 생활 규칙 만들기
| 016 | | 공간배치 | 안전하고 재미있는 실내공간 연출하기
| 022 | | 현관 | 고양이의 갑작스러운 이탈을 예방하기
| 026 | | 거실 | 고양이 스크래치로부터 생활공간 지키기
| 032 | | 식당 | 건강하고 위생적인 식사 환경 만들기
| 036 | | 주방 | 장난이 사고로 이어지지 않도록 대책 세우기
| 040 | | 서재·침실 | 고양이와 사람 모두에게 안정된 공간으로 만들기
| 044 | | 물 | 물과 관련된 위험으로부터 고양이 보호하기
| 048 | | 발코니 | 안전하게 생활할 수 있는 발코니 만들기
| 052 | | 창호 | 창문으로 고양이 행복지수 올려주기
| 058 | | 커튼·블라인드 | 놀잇거리가 되지 않도록 설치하기
| 062 | | 전기설비① | 콘센트나 전기 코드 관리하기
| 066 | | 전기설비② | 전자기기는 고양이의 동선을 피해 설치하기
| 070 | | 실내 공기 | 쾌적한 실내 공기 만들기
| 074 | | 바닥 | 고양이에게 적합한 바닥재 선택하기
| 078 | | 벽 | 마킹 행위를 고려하여 소재 선택하기
| 082 | | 문 | 문 손잡이와 캣도어 설치하기
| 086 | | 방음 | 소음을 막는 설비 갖추기

| 039 | [칼럼] 고양이 사료, 어떤 것이 좋을까?
| 043 | [칼럼] 고양이 전염병에는 무엇이 있나?
| 051 | [칼럼] "어떡하죠? 고양이가 집을 나갔어요!"
| 065 | [칼럼] '고양이 키우기'에 사물인터넷(IoT)을 활용하자
| 069 | [칼럼] 고양이 사진을 찍을 때 이것만은 주의하자!

Part 2
고양이가 마음 놓고 놀 수 있는 공간 만들기

| 090 | | 캣워크① | 고양이 습성과 안전을 고려하여 설치하기
| 096 | | 캣워크② | 생활공간 활용도 높이기
| 104 | | 캣워크③ | 재미있게 디자인하여 즐거움 높이기
| 114 | | 캣워크④ | 원만한 사회생활이 되는 동선 만들기
| 118 | | 개와 고양이 | 개와 고양이 사이좋게 공존하기
| 122 | | 잠자리 | 고양이가 안심하는 잠자리 만들기
| 130 | | 고양이 화장실① | 배설환경에 민감한 고양이 이해하기
| 134 | | 고양이 화장실② | 화장실 설치 장소 정하기

| 129 | [칼럼] 잠자는 자세로 알 수 있는 고양이의 상태와 적정 온도
| 138 | [칼럼] 고양이 모래, 어떤 것이 좋을까?

Part 3
고양이 지식, 이건 꼭 알아두기

140		고양이 몸	너무나 신기한 고양이의 몸
148		신체능력	고양이의 놀라운 신체능력
152		생활리듬	고양이의 생활리듬을 최대한 존중해주자
156		고양이의 일생	라이프 스테이지와 함께 고양이의 삶이 바뀐다
160		고양이의 종류	크기도 성격도 저마다 다른, 집고양이의 종류
168		고양이의 치수	표준치수, 쾌적한 환경을 만들어주기 위해 꼭 알아두자
174		고양이의 기호	고양이가 좋아하는 장소, 싫어하는 장소
178		위험한 것	고양이에게 위험한 음식과 식물
182		비만·나이 든 고양이	고양이가 살찌고 나이 들면 어떻게 하지?
186		고양이 용품	꼭 갖춰야 할 필수 고양이 용품

151 [칼럼] 수컷과 암컷은 어떤 차이가 있을까?

190 작품·사진 크레디트
192 주집필자·감수자

Part 1

고양이와 사람,
모두가 행복한 공간 만들기

PART 1 고양이와 사람, 모두가 행복한 공간 만들기

| 기본 생활 |

고양이 생활 규칙 만들기

고양이를 완전히 길들이기는 쉽지 않지만,
습성을 이해하고 공간 배치나 수납 방법 등을 연구하면
길들이기 쉬운 생활 환경을 만들 수 있습니다.

칸막이를 설치하면, 칸막이 안쪽으로 들어가서는 안 된다는 것을 고양이도 이해한다.

상황에 따라 허용하기도 하고, 혼내기도 하면 고양이는 규칙을 이해하지 못한다.

해서는 안 되는 행동이 무엇인지를 고양이가 이해하기 바란다면, 사람의 기분이나 상황과 관계없이 지시가 일관되어야 합니다. 늘 한결같지 않으면 고양이에게 규칙을 가르치기 어렵습니다. '들어가도 괜찮은 곳과 들어가선 안 되는 곳'을 칸막이 등으로 구분하여 고양이도 알 수 있게 해주세요. 출입이 허용되는 곳과 허용되지 않는 곳이 명확하면, 말로 하는 것보다 지시 내용을 분명하게 전달할 수 있습니다.

허용되는 영역과 허용되지 않는 영역을 구분한다

고양이와 함께 생활할 때 가장 먼저 정해야 하는 것이 활동 영역입니다. 어디를 들어가도 좋은 장소로 할 것인가, 어디를 들어가서는 안 되는 장소로 할 것인가를 정해야 합니다. 이때는 가족의 생활방식과 고양이가 어떤 물건에 흥미를 보이는지를 염두에 둡니다. 예를 들어 고양이가 흥미를 보이는 물건이 위험의 소지가 있다면 그 물건이 있는 장소는 들어가서는 안 되는 장소로 정하거나, 장소를 먼저 정하고 그 물건을 그곳으로 옮겨놓는 방식입니다. 고양이의 활동 영역이 끝나는 지점에는 문을 설치하여 확실히 구별하는 것이 중요합니다.

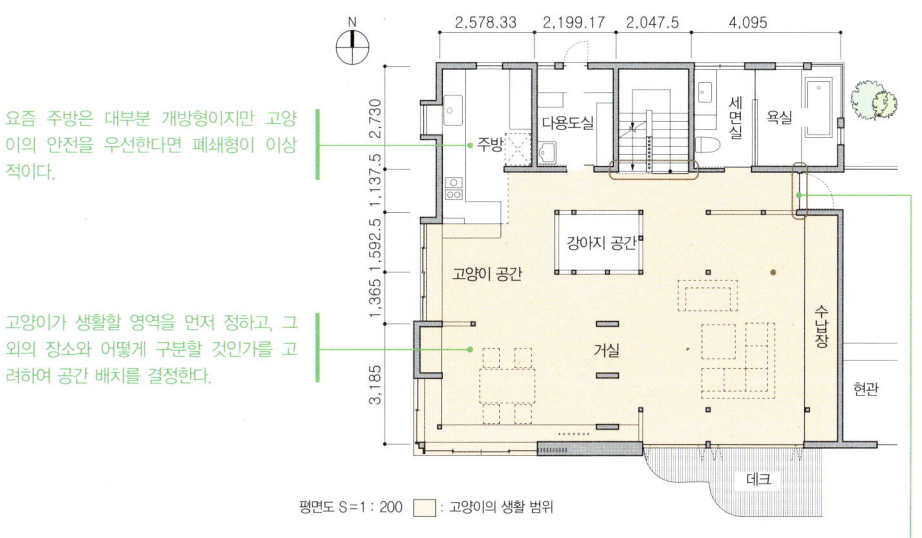

요즘 주방은 대부분 개방형이지만 고양이의 안전을 우선한다면 폐쇄형이 이상적이다.

고양이가 생활할 영역을 먼저 정하고, 그 외의 장소와 어떻게 구분할 것인가를 고려하여 공간 배치를 결정한다.

현관과 연결되는 부분에는 중문을 설치하고, 잠금장치를 달면 더욱 안심할 수 있다. 중문을 설치하지 않으려면 현관문까지 거리가 확보될 수 있게 공간 배치를 한다. 그래야 현관문을 열었을 때 고양이가 바로 밖으로 뛰어나가지 못한다.

실내 칸막이용 문 소재 선택 팁

건너편을 잘 보이게 하고 싶으면 유리문으로, 통풍이 잘 되도록 하고 싶을 때는 격자문으로 위치나 쓰임에 따라 소재를 선택합니다. 격자문의 경우는 바람이 잘 통할 뿐만 아니라 시선도 통과하기 때문에 좁은 공간에 설치해도 압박감이 들지 않습니다. 격자문으로 할 경우에는 사진의 예처럼 고양이가 통과할 수 없을 간격으로 짜야 합니다.

PART 1 고양이와 사람, 모두가 행복한 공간 만들기

긁거나 물어뜯어도 되는 장소를 만든다

고양이는 위아래로 긁어 발톱을 가는 습성이 있습니다. 벽이 발톱으로 긁기 좋으면 그 장소에서 스크래치(긁기)하는 것이 습관이 되죠. 벽뿐만 아니라 가구나 바닥 등도 마찬가지입니다. 마감재의 질감이 스크래처나 물어뜯는 장난감과 비슷하면 그곳이 스크래치 장소가 되어버립니다. 그러므로 울퉁불퉁한 질감의 벽이나 발톱으로 긁었을 때 흔적이 남는 부드러운 소재는 마감재로 사용하지 않는 편이 좋습니다.

허용된 장소에는 고양이가 긁기 좋아하는 소재의 스크래처를 설치한다.

다묘집이라면 고양이 그룹별로 활동 영역을 분리한다

고양이도 그룹을 만든다

고양이를 세 마리 이상 키우면 그룹이 만들어집니다. 일반적으로 유년기를 같이 보낸 사이가 같은 그룹이 되는 것으로 알려져 있고, 그 외의 관계는 다른 그룹이 됩니다. 그룹이 만들어지면, 그룹 간에 평화적으로 교류하고 있더라도 각각의 거처 공간이 필요해집니다.

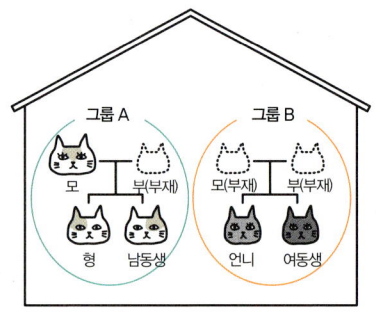

그룹별로 공간을 나누는 것이 좋은 이유

고양이는 개보다 영역 의식이 강합니다. 다른 고양이의 냄새나 소리 등으로 스트레스를 받으면, 스크래치를 하거나 스프레이(오줌 흩뿌리기) 행위 등의 문제 행동을 일으킬 수 있습니다. 그러므로 여러 마리를 기를 때는 그룹별로 공간을 나눠줌으로써 각각의 영역을 어느정도 확보할 수 있게 하는 것이 좋습니다.

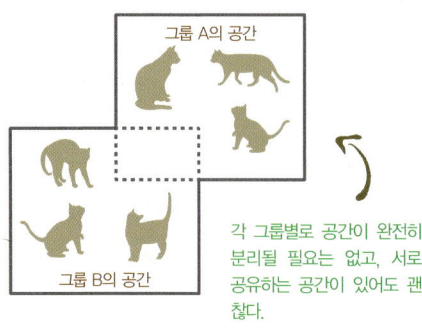

각 그룹별로 공간이 완전히 분리될 필요는 없고, 서로 공유하는 공간이 있어도 괜찮다.

생활용품으로 장난치지 못하게 수납장에 정리한다

기본 생활

건드리면 안 되는 물건을 고양이에게 일일이 가르치긴 어렵습니다. 그러니 건드리지 말아야 할 물건은 애초에 고양이가 건드리지 못하는 장소에 두어야 합니다. 텔레비전 리모컨이나 화장지 등 사람이 일상생활에서 자주 이용하는 물건도 고양이의 눈에 띄지 않는 곳에 수납합니다.

고양이가 건드릴 수 있는 곳에 리모컨을 두면 위험할 수 있다. 예를 들어 사람이 집에 없을 때 고양이가 에어컨 리모컨 등을 가지고 놀다가 에어컨을 작동시킬 수도 있다. 사람이 일찍 귀가하면 다행이지만 외출이 장기화될 경우 지나친 냉방 탓에 문제가 생길 수 있다.

고양이는 원래 종이를 좋아한다. 특히 뽑아내도 계속해서 튀어나오는 갑 티슈는 수렵 본능을 일깨우므로 아주 좋은 장난감이 된다.

물건별 수납장 활용법

일상적으로 자주 사용하는 물건 중에 고양이가 만지면 안 되는 것은 고양이에게는 꺼내기 어렵고 사람에게는 쉬운 곳에 수납하는 것이 좋습니다. 예를 들어 갑 티슈는 수납장 칸 중에서 개방형이면서 갑 티슈의 높이와 동일한 높이의 칸에 넣어둡니다. 그러면 고양이는 화장지를 계속 뽑는 장난을 하기 어렵지만 사람은 쉽게 갑 티슈를 꺼내 쓰기 좋습니다. 마찬가지로 쓰레기통도 통의 높이와 같은 칸에 밀어 넣어두고 사용하면 고양이의 짓궂은 장난을 피할 수 있습니다.

벽 쪽으로 캣스텝* 겸 수납공간을 마련하여 자주 사용하는 것을 정리해두는 것도 좋다. 단, 고양이가 드나들거나 열어보지 않아야 할 곳은 고정하는 등의 조치가 필요하다.

* 고양이가 다닐 수 있도록 계단처럼 만든 디딤판

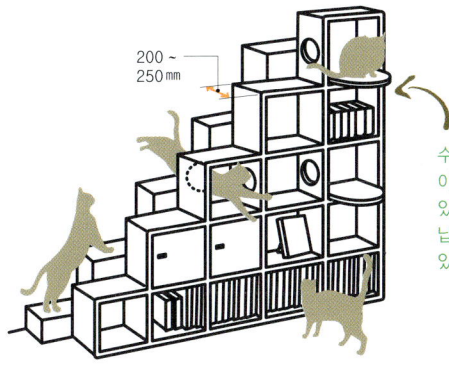

수납 칸의 깊이를 200~250mm로 하면 물건을 넣고 빼내기 쉽다. 이런 수납장이 있으면 물건을 정리하여 훨씬 깔끔한 환경을 만들 수 있다. 일부 칸에 문을 달면 고양이에게 허용하고 싶지 않은 물건을 수납할 수 있고, 고양이는 나머지 공간을 자유롭게 오가며 놀거나 쉴 수 있어 좋다.

| 공간배치 |

안전하고 재미있는 실내공간 연출하기

호기심 많은 고양이를 집 밖으로 내보내지 않고
실내에서만 키운다면, 집 안에만 있어도 즐겁고 건강하게
생활할 수 있는 환경을 마련해주어야 합니다.

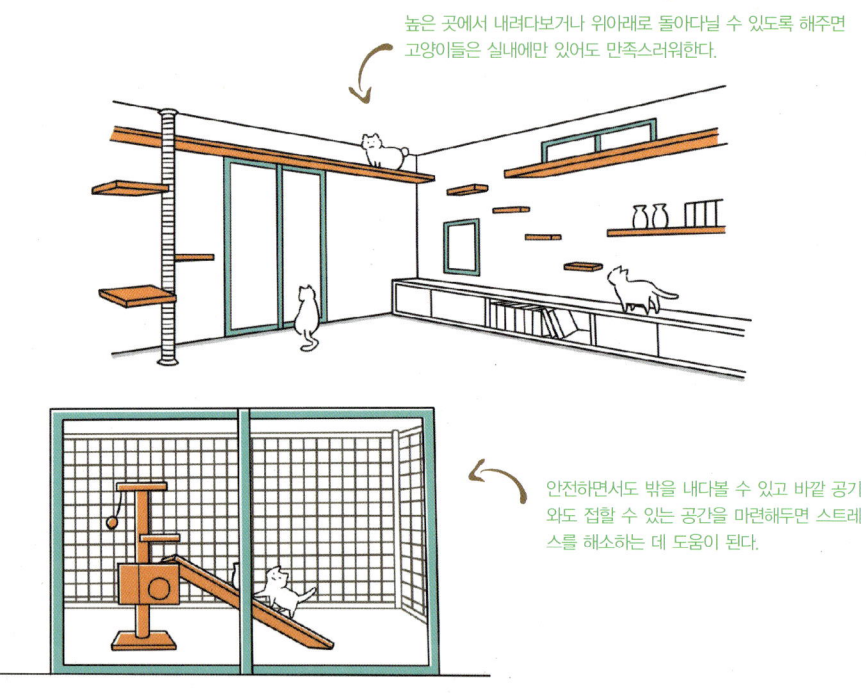

높은 곳에서 내려다보거나 위아래로 돌아다닐 수 있도록 해주면 고양이들은 실내에만 있어도 만족스러워한다.

안전하면서도 밖을 내다볼 수 있고 바깥 공기와도 접할 수 있는 공간을 마련해두면 스트레스를 해소하는 데 도움이 된다.

키우는 고양이가 집 밖을 돌아다니면 전염병, 해충, 교통사고 등의 위험에 노출될 수도 있고, 집에 찾아오지 못하는 경우도 종종 있기 때문에 최근에는 주거 환경 내 특히 실내에서만 키우는 경우가 대부분입니다. 하지만 고양이는 실내에서만 키운다고 해서 정적으로 생활 할 수 있는 동물이 아닙니다. 운동 부족이나 비만을 방지하고, 스트레스를 해소해주기 위해 실내를 활동적인 공간으로 만들어 줘야 합니다.

높은 곳은 고양이가 가장 좋아하는 장소다

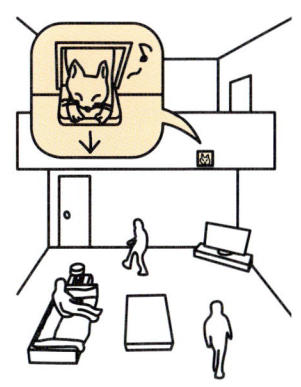

복층 구조는 개방형 천장을 활용한다

2층 이상 상층의 천장 부분을 뚫어 개방감을 살린 복층형 주거 환경에 살고 있다면 이를 활용하여 고양이에게 재미있는 공간을 연출 할 수 있습니다. 예를 들어 상층으로 연결되는 고양이 전용 캣워크*를 설치할 수도 있고, 아래층을 향한 상층의 벽면에 고양이용 엿보기 구멍을 만들 수도 있습니다. 그리고 1층은 사람의 왕래나 움직임이 많은 공용 공간으로 배치하면 고양이는 그 풍경을 내려다보는 것만으로도 즐거워합니다. 단, 엿보기 구멍을 만들 때는 고양이가 뛰어내리지 않도록 지름 160mm 이하로 합니다.

*캣워크: 고양이가 다니는 길

안전한 캣스텝 설치 가이드

고양이는 주위 환경을 즐길 때뿐만 아니라 공포를 느낄 때도 높은 곳으로 가고 싶어 합니다. 이때 고양이가 안전하게 오르내릴 수 있도록 캣스텝을 설치해주세요. 단, 고양이가 너무나 놀란 상태로 올라가 숨어버리면, 사람이 잡을 수 없기 때문에 알아서 내려올 때까지 기다려야 합니다. 또한 너무 높은 장소는 청소하기 힘들기 때문에 사람의 손이 닿는 정도까지만 올라가도록 계단을 조절해주면 좋습니다.

경치에 변화를 주는 캣타워 조립법

캣타워* 등을 설치해 공간을 입체적으로 이용할 수 있게 하는 방법도 좋습니다. 그런데 아무리 잘 만든 캣타워라도 경치가 평범하면 고양이는 쉽게 싫증을 냅니다. 이때는 디딤판을 나선형으로 배치하는 것이 좋은 방법입니다. 계단을 빙빙 돌며 따라 올라가는 동안 시야가 계속 바뀌기 때문에 고양이가 즐거워합니다.

*고양이가 놀거나 쉬도록 기둥과 디딤판 등을 조합하여 높게 만든 구조물

디딤판으로만 이어진 나선형 계단. 고양이가 계단을 오르내리는 내내 시야가 뻥 뚫려 있어 답답해하지 않는다.

중앙에 정원을 배치하면 자연을 누릴 수 있는 공간이 된다

건물 중앙에 정원을 배치하면 좋은 점
사방이 건물로 싸여 있고 가운데에 정원이 있는 구조라면 고양이가 이곳에서 바깥 공기를 접할 수 있어 안성맞춤입니다. 고양이가 밖으로 도망갈 걱정도 없고 바깥의 위험과 마주칠 염려도 없거든요. 이런 주택에서는 정원으로 접하는 모든 면이 창으로 되어 있으므로 창을 열어두면 고양이가 자유롭게 드나들 수 있습니다.

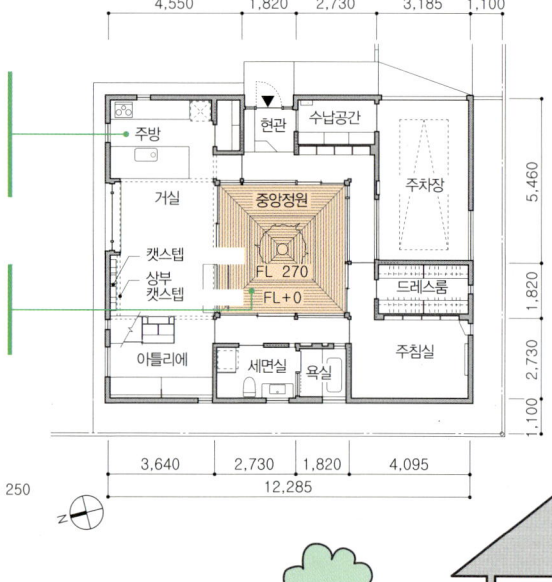

고양이가 들어와서는 안 되는 주방은 구석으로 배치하자. 고양이가 주방을 물을 사용하는 공간으로 인식하는 것을 방지하고, 동시에 고양이의 행동 영역을 건물 중앙에 집중하게 함으로써 사람의 시야 내에 머물게 할 수 있다.

건물 중앙에 정원을 만들면 안전한 환경에서 자유롭게 바깥 공기를 접할 수 있다. 또 비 오는 날에도 정원과 접한 공간을 따라 실내를 돌아다니며 자연을 느낄 수 있다.

평면도 S = 1 : 250

정원 데크 설치 시 주의할 점
건물 중앙의 정원은 전염병 등의 예방을 위하여 기본적으로 데크나 타일 등으로 마감합니다. 그리고 나무가 자라는 부분을 제외한 모든 부분은 흙을 만질 수 없게 설계하는 것이 좋습니다. 데크로 마감할 경우 데크 아래는 고양이가 좋아하는 은신처가 되기 쉽고, 사람의 손이 닿기 어렵기 때문에 아래에 그물 등을 치거나 막는 방법으로 고양이가 들어가지 못하게 해야 합니다.

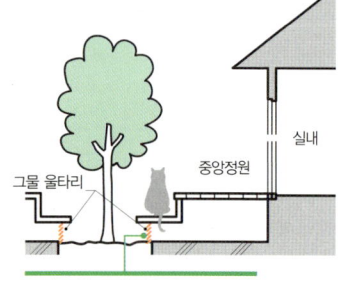

그물을 쳐서 고양이가 데크 아래로 들어가지 못하게 한다.

위: 외부를 향한 창문에는 들보를 살려 캣워크를 설치한다. 이쪽은 도로와 접하고 있으므로 고양이가 높은 장소에서 거리를 오가는 사람들을 구경할 수 있다.

아래: 단층집이라도 거실 벽에 캣스텝을 설치하면 상하 운동을 충분히 하게 할 수 있다.

새미실외공간은 고양이가 느긋하게 즐길 수 있는 은신처다

마당이 없는 복층 집을 설계할 때 2층 발코니를 실외개방형으로 하여 정원처럼 꾸미고, 발코니 옆에 빨래건조실을 별도로 만드는 경우가 있습니다. 빨래건조실은 이웃이나 손님으로부터 세탁물에 대한 프라이버시를 지킬 수 있는 똑똑한 공간입니다. 이곳은 숨겨져 있으면서도 햇빛과 바람이 잘 들기 때문에 고양이가 좋아하는 은신형 자연공간이 됩니다. 안전을 위해 발코니와의 사이에 문을 만들면 사람이 있을 때는 발코니까지, 없을 때는 빨래건조실까지만 출입을 허용할 수도 있습니다.

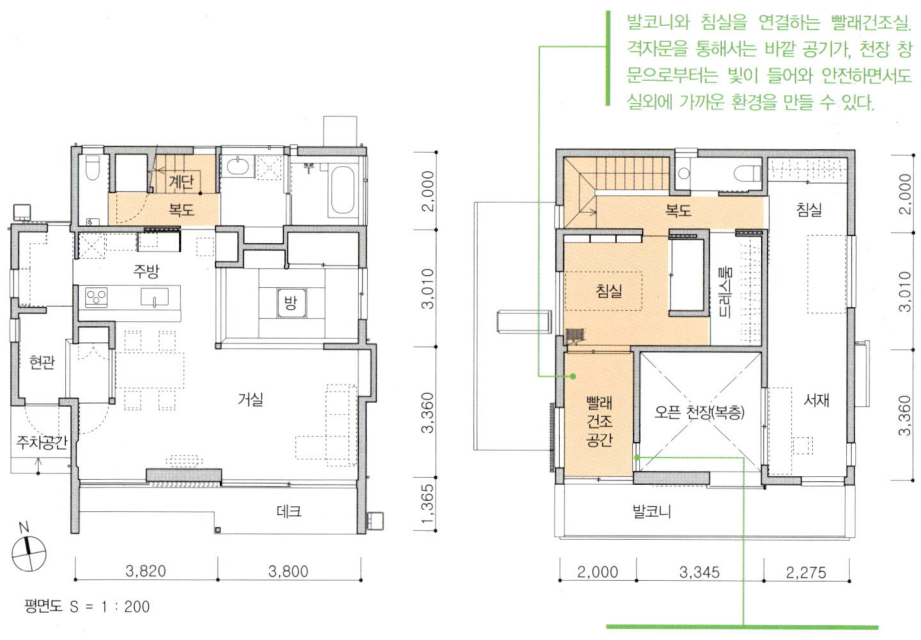

발코니와 침실을 연결하는 빨래건조실. 격자문을 통해서는 바깥 공기가, 천장 창문으로부터는 빛이 들어와 안전하면서도 실외에 가까운 환경을 만들 수 있다.

개방형 천장의 경우 빨래건조실에서 아래층 거실을 향한 벽면의 일부를 붙박이 유리창으로 설계하면 유리를 통해 아래층 거실을 내려다볼 수 있다. 고양이에게는 안전하고 재미있는 공간이 될 것이다.

왼쪽: 빨래건조실과 발코니를 나누는 격자무늬의 미닫이문. 잠금장치를 달아두면 고양이가 마음대로 열지 못하게 하면서 통풍을 확보할 수 있다.

오른쪽: 발코니 위쪽에 900mm의 천장을 설치하여 빨래건조실에 비가 들이치지 않게 했다. 비가 오는 날에도 고양이가 젖지 않고 바깥 공기를 접할 수 있다.

선룸은 고양이 쉼터와 분리공간, 두 가지 역할을 한다

사람이 집을 비우거나, 집 안을 청소해야 하거나 혹은 알레르기가 있는 손님이 방문했을 때 등 고양이를 잠시 격리해야 할 경우가 있을 수 있습니다. 하지만 고양이는 좁은 공간에 가두면 스트레스를 받기 때문에 격리하더라도 어느 정도 활동 할 수 있는 공간을 반드시 확보해 주어야 합니다. 그중 하나가 선룸을 만드는 것입니다. 선룸은 일광욕 등의 목적으로 직사광선이 많이 들게 만든 방을 가리키는데, 선룸과 거실 사이에 미닫이문과 격자문을 설치하여 필요에 따라 활용하면 좋습니다. 선룸은 평상시에는 오픈하여 고양이가 일광욕을 위해 드나들기 좋아하도록 해주고, 격리 시에 사용될 때를 대비해서 장시간 머물더라도 불편함 없이 쉴 수 있는 환경으로 만들어 주는 것이 중요합니다.

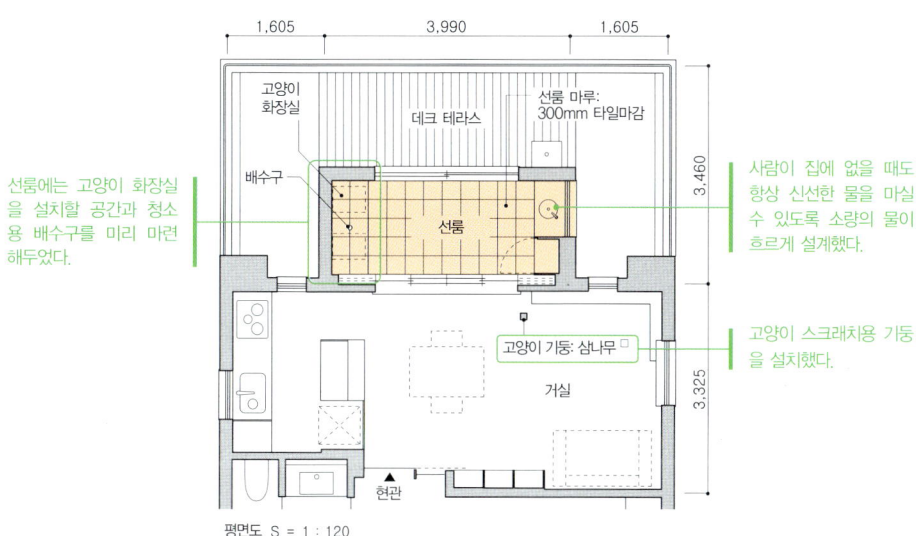

거실로 통하는 문을 열어두면 거실과 선룸이 하나가 되어 드나들기 쉽다. 선룸의 마룻바닥에는 타일을 깔아 스크래치로 상처가 나지 않게 했다. 선룸 안에서만 돌아다녀도 밖을 내다볼 수 있어 고양이가 지루해하지 않는다.

격자문 하부에는 고양이가 문을 열지 못하도록 잠금장치를 달아두었다. 격자문은 보통 미닫이문보다 가벼워 고양이가 쉽게 열 수 있기 때문이다. 고양이가 이 문을 열지 못하게 하려면 잠금장치로 잠가둔다.

PART 1 고양이와 사람, 모두가 행복한 공간 만들기

| 현관 |

고양이의 갑작스러운 이탈을 예방하기

현관 밖으로 나갔을 때 큰 충격을 받는 고양이도 있습니다.
너무 놀라서 무조건 내달리기도 하는데, 이러면 찾아 데려오기가 무척 어렵습니다.
애초에 그런 상황을 만들지 않는 것이 최선일 것입니다.

현관과 발코니가 2대 탈출구다.

발코니 앞에 그물을 쳐서 난간에 오르지 못하게 하자.

현관 신발 벗는 곳으로 고양이가 내려오지 못하도록 격자문 등을 설치하자.

길에 나가면 전염병에 걸리거나 교통사고를 당하기도 하는 등 바깥세상에는 고양이에게 위험한 요소가 많습니다. 일단 바깥세상을 알아버린 고양이는 계속 나가려고 하며, 나가지 못하게 하면 스트레스를 받습니다. 그러니 집 안에서 활동하는 것만으로도 충분하도록 환경을 만들어줘야 합니다. 고양이가 움직이기 편하고 흥미를 느낄 수 있도록 공간을 새롭게 배치하고, 캣워크나 캣타워를 설치합니다. 가장 중요한 것은 고양이가 바깥세상에 굳이 나가지 않아도 만족감을 느끼게 해 주는 것입니다.

생활공간과 현관 사이에 중문을 설치한다

고양이의 2대 탈출구는 현관과 발코니입니다. 바깥세상에 흥미가 없는 듯한 기색을 보이더라도 방심은 절대 금물입니다. 섀시가 없는 개방형 발코니의 경우는 그물을 쳐 두고 현관문은 항상 닫아야 합니다. 고양이는 재빠른 동물이므로 아예 현관까지 가지 않도록 하는 대책도 필요합니다. 거실과 현관 사이에 중문을 설치하면 현관문을 열자마자 고양이가 튀어 나가는 것을 방지할 수 있습니다.

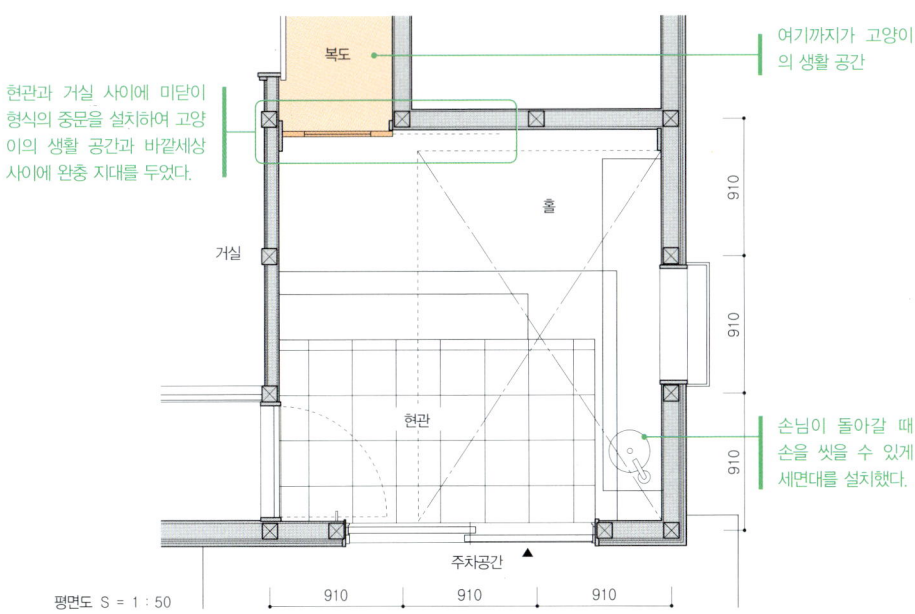

중문은 유리문이 좋다

가족이 외출할 때 고양이가 따라오더라도 현관문 앞까지는 오지 못하게 중문을 설치합니다. 이 문을 유리로 하면 외출했다 돌아왔을 때 중문 너머에 고양이가 있는지 없는지 확인할 수 있습니다.

외출에서 돌아왔을 때는 몸에 밴 냄새를 없앤다

현관에 냄새를 없앨 수 있는 도구를 마련하자

고양이는 영역 의식이 강하기 때문에 냄새에 매우 민감합니다. 가족이 밖에서 묻혀 온 외부의 냄새는 고양이에게 좋은 자극이 되기도 하지만 스트레스가 되는 경우도 있습니다. 현관문 앞에 발매트나 공기청정기를 두어 외부의 냄새를 없애는 것이 좋아요. 또한 현관까지 고양이가 자유롭게 드나들게 할 경우 마킹을 할 수 있도록 커다란 스크래처를 설치하는 것이 좋습니다.

외출 후 돌아온 가족에게 고양이가 몸을 비비는 것은 자신의 체취를 묻히는 마킹 행위다.

현관 수납장 제작 팁

항바이러스 효과가 있는 항균 용품이나 의류용 브러시 등을 현관 수납공간에 준비해 두면 좋습니다. 집에 돌아왔을 때 이 용품들을 사용하면 외부의 냄새를 집 안까지 들여오지 않을 수 있습니다. 또한 겉옷을 현관에서 입고 벗을 수 있게 현관 수납공간에 겉옷 전용 옷장을 설치하는 것도 좋습니다.

현관에서 욕실로 연결하는 공간 설계 아이디어

현관에 연결된 수납공간을 통해 욕실로 이동 할 수 있는 공간 배치 예입니다. 집에 돌아왔을 때 수납공간에 설치된 옷걸이에 옷을 걸고, 세면대나 욕실을 이용하여 씻은 후 생활공간에 들어 설 수 있도록 설계되어 있습니다.

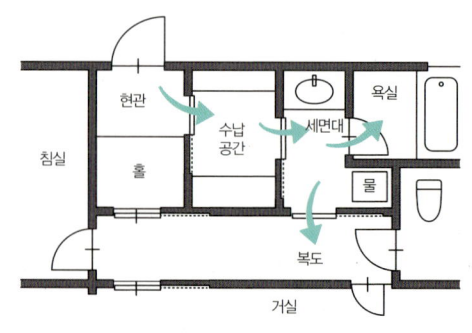

중문은 고양이의 영역을 차단하는 역할을 한다

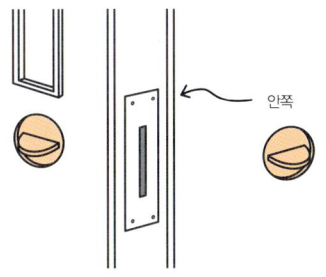

안쪽

잠금장치 선택 팁

현관과 거실 사이에 칸막이를 설치한다 해도 고양이가 열 수 있다면 의미가 없겠죠. 잠금장치가 없으면 문이나 창문을 간단히 열어버리는 머리 좋은 고양이도 있습니다. 이런 문제가 걱정이라면 중문 안쪽과 바깥쪽에서 모두 열고 잠글 수 있는 잠금장치를 다는 것이 좋습니다. 그래야 사람은 별도의 열쇠없이 중문을 드나들 수 있기 때문입니다.

고양이가 문을 열지 못하도록 잠금장치를 설치했다. 이렇게 해놓으면 열고 잠그는 것이 간단하기 때문에 사람이 사용하기에는 편하다.

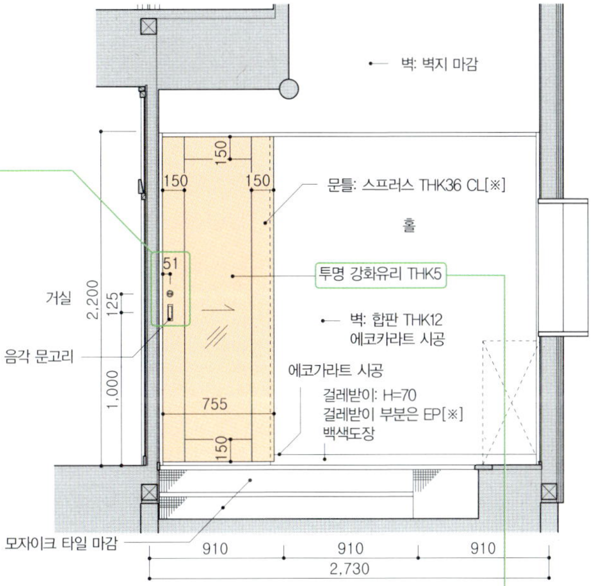

벽: 벽지 마감
150
150
150
문틀: 스프러스 THK36 CL[※]
홀
51
투명 강화유리 THK5
거실
2,200
125
벽: 합판 THK12
에코카라트 시공
음각 문고리
에코가라트 시공
1,000
걸레받이: H=70
걸레받이 부분은 EP[※]
백색도장
755
150
모자이크 타일 마감
910
910
910
2,730

현관 홀 전개도 S = 1 : 50

※ 「CL」은 클리어 래커
「EP」는 합성수지 에멀션 페인트

칸막이 틀을 현관 쪽 벽면까지 연장하고 이 부분의 벽면을 다른 부분과 다르게 마감하면 깔끔하게 정리되고 리듬감도 생긴다.

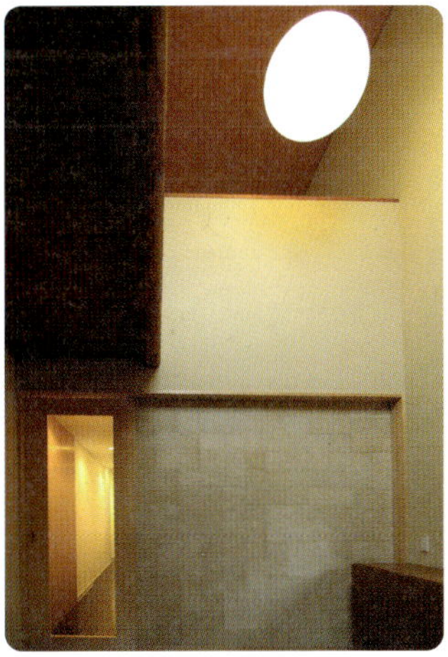

중문을 유리로 할 때는 반드시 강화유리로 해야 한다.

| 거실 |

고양이 스크래치로부터 생활공간 지키기

고양이에게 스크래치는 본능이므로 이를 못 하게 할 수는 없습니다.
고양이가 좋아하는 방법으로 좋아하는 장소에서 마음껏 긁도록
스크래처를 설치하여 유도하는 것이 좋습니다.

스크래처 재료로는 골판지나 삼베 소나무 판재 등이 좋다.

스크래처를 적절한 장소에 설치한다.

벽지와 소파 등 집 안 곳곳에 고양이 발톱 자국이 남아 걱정이겠지만 스크래치 자체를 그만두게 할 수는 없습니다. 스크래치에는 오래된 발톱의 외측 부분을 벗겨내는 용도뿐만 아니라 발톱을 자극하여 기분을 전환하고 마킹을 하는 등 여러 목적이 있기 때문입니다. 이런 때는 '유도'를 하는 방법밖에 없습니다. 스크래처를 적절한 장소에 설치하여 그곳에서 마음껏 긁게 하면, 다른 곳을 상처 내는 일은 없어집니다.

고양이가 스크래치하고 싶어 하는 장소가 있다

거실

문틀에 생긴 스크래치 흔적

출입구는 가장 좋아하는 스크래치 장소다

고양이는 영역 의식이 매우 강합니다. 냄새나 소리 등 수상한 것들이 침입했다는 생각으로 스트레스를 받으면 스크래치를 합니다. 그래서 출입구 등 공간의 성격이 변하는 경계 지점이 스크래치의 장소가 되기 쉽습니다. 출입구 근처나 고양이의 활동 영역 안에서 눈에 띄기 쉬운 곳에 스크래처를 설치합니다. 고양이는 마음에 드는 장소에 마땅히 스크래치할 곳이 없으면 문틀 등을 대상으로 삼기 때문에 주의해야 합니다.

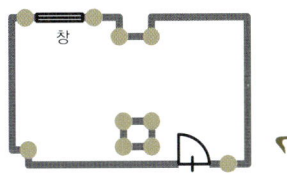

벽이 들쭉날쭉한 방은 이곳저곳을 스크래치 장소로 인식한다. 들쭉날쭉한 벽면은 평평하게 하여 모퉁이를 줄이는 것이 좋다.

● 고양이가 스크래치를 하고 싶어 하는 장소

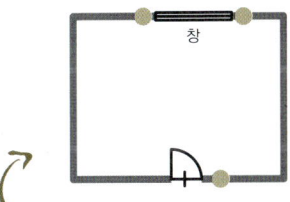

고양이는 마킹을 위하여 문이나 창문 주변에서 스크래치를 하려고 한다. 단순한 평면 형태의 공간에서는 문이나 창문 주변에 스크래치용 기둥이나 대형 스크래처를 설치해 준다.

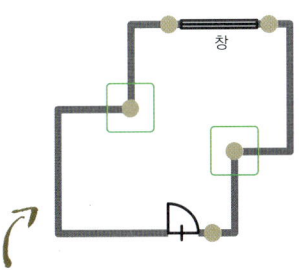

벽이 튀어나온 부분은 고양이에게 아주 좋은 스크래치 장소로 여겨진다. 이것을 역으로 활용하여 여기에 스크래처를 설치한다면 다른 장소에서 스크래치를 할 위험이 줄어든다.

눈에 잘 띄는 위치에 스크래처 기둥을 설치한다

스크래처 기둥은 고양이의 크기에 맞게

작고 가볍고 안정성이 떨어지는 스크래처는 기대한 만큼 사용하지 않을 수도 있습니다. 고양이는 자신을 크게 보이기 위해서인지 과장되게 높은 곳을 긁으려는 습성이 있어요. 그러니 튼튼하고 큰 스크래처 기둥을 만들어주는 것이 좋습니다.

배치 방법도 다양하게 할 수 있다. 캣워크와 연결하거나 위쪽에 조명을 달거나 벽과 어울리게 하여 장식처럼 활용할 수도 있다.

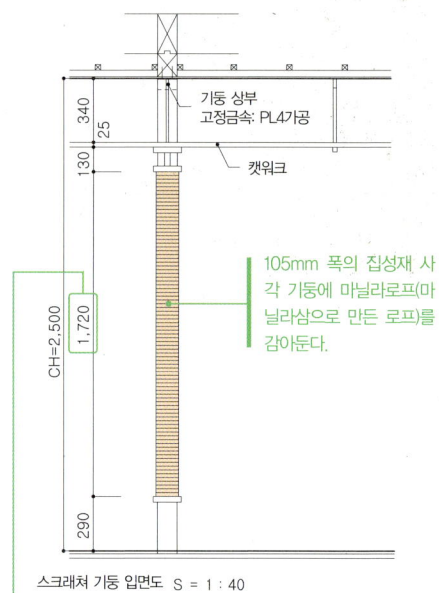

105mm 폭의 집성재 사각 기둥에 마닐라로프(마닐라삼으로 만든 로프)를 감아둔다.

스크래처 기둥 입면도 S = 1 : 40

굵기 8mm의 마닐라로프를 사용할 경우 높이 1m를 감아올리는 데 53m 정도가 필요하다. 200m짜리 한 묶음을 사서 스크래처 기둥 2개를 만든다고 할 때, 각각 1.7m 정도를 감아올리면 된다.

출입구나 고양이가 자는 장소 근처에 설치한다

방 출입구나 눈에 띄는 모퉁이 등 장소의 성질이 바뀌는 곳에 스크래처 기둥을 설치하면 고양이가 사용하기 쉽겠죠? 또한 대부분의 고양이는 잠에서 깨어나면 기지개와 함께 스크래치를 하므로 고양이가 주로 자는 장소의 눈에 띄는 곳에 스크래처를 두는 것도 좋습니다. 왼쪽 사진의 주택에는 4개의 스크래처 기둥을 설치하여 거실에 있는 소파에 마음이 가지 않게 했습니다.

거실 개방형 천장에 스크래처 기둥을 설치한 예다.
2개를 나란히 세워 장식물 역할도 톡톡히 하게 했다.

고양이가 좋아하는 스크래처 소재와 형태 알아보기

발톱에 살짝 걸리는 소재를 좋아한다

발톱에 살짝 걸리는 골판지나 삼베 소재, 삼이나 면으로 만든 로프, 카펫 원단 등이 좋습니다. 목재라면 판자가 부드러운 오동나무, 올리브나무, 소나무 등 침엽수계를 선호합니다. 중요한 점은 마감재와 스크래처의 소재가 같으면 둘 다 스크래처용으로 생각할 수 있으므로, 실내 마감재로 사용되지 않은 재료를 골라야 한다는 것입니다. 설치해둔 스크래처에 고양이가 흥미를 가지게 하기 위해 마타타비(개다래나무) 가루를 스크래처에 뿌려두는 방법도 있습니다. 단, 마타타비를 좋아하지 않는 고양이도 있으니 먼저 테스트해봐야 합니다. 또는 고양이의 앞발을 살짝 끌어 스크래처에 대고 '여기를 긁는 거야' 하고 가르쳐주는 방법도 있습니다. 사람이 발을 만지거나 붙잡는 걸 싫어하는 고양이도 있으니 주의하세요.

삼베
골판지
목재
카펫 원단

고양이 취향에 따라 형태를 다양하게

스크래처의 형태는 크게 세 가지로 나눌 수 있습니다. 바닥에 두는 '평판형', 기둥에 로프 등을 감은 '기둥형', 벽 모퉁이에 스크래처용 소재를 붙이는 '코너형' 입니다. 고양이마다 취향이 다르니 이를 잘 알아내 형태와 소재를 조합하면 좋습니다. 스크래처는 고양이가 올라탈 수 있는 폭(몸 크기의 2배, 약 200mm 이상)이어야 하고, 힘주어 긁어도 움직이지 않을 만큼 바닥이나 벽에 단단히 고정되어야 합니다.

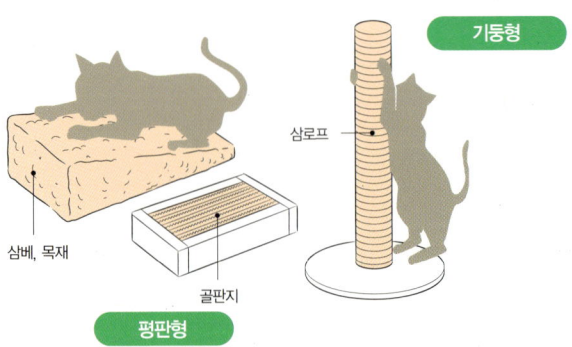

코너형 — 목재
직물로 된 벽 부착용 스크래처는 판재에 직물을 감은 다음에 벽에 붙인다. 직물의 끝부분을 스테이플러나 못으로 고정하면 느슨해지지 않고 감기도 쉽다.

바닥에서 긁는 것을 좋아하는 고양이일 경우 스크래처를 조금 기울어지게 설치해주면 좋아한다.

평판형 — 삼베, 목재 / 골판지
기둥형 — 삼로프

벽에 스크래치 자국이 어느 정도 생겨도 상관없다면 애초에 벽을 상처가 눈에 잘 띄지 않는 소재로 하는 것도 한 가지 방법이다. 빈티지풍의 나무로 된 벽이라면 상처가 눈에 잘 띄지 않을뿐더러 공간도 멋스러워진다.

| 식당 |

건강하고 위생적인 식사 환경 만들기

고양이가 먹은 양, 마신 양을 수시로 체크할 수 있도록
사람의 눈이 닿는 곳에 식사공간을 마련합니다.
식사 환경이 건강관리의 기본입니다.

고양이 물그릇과 밥그릇은
사람의 시야가 닿는 곳에 둔다.

고양이의 눈에 잘 띄는 곳에
물그릇을 놓는다.

식당은 고양이와 사람이 같은 공간을 써도 되고 따로 써도 됩니다. 대신 고양이의 식사량을 사람이 파악할 수 있게 배치하는 것이 중요합니다. 고양이가 물을 많이 마시지는 않지만, 그렇다고 해서 물을 준비해두지 않으면 신장에 무리가 갑니다. 고양이의 눈에 띄는 곳곳에 물그릇을 놓아두면 수시로 물을 마실 수 있어 건강하게 지낼 수 있습니다. 물그릇을 놓아둘 장소를 선택할 때는 고양이가 물을 엎지를 수도 있다는 점을 염두에 두고 방수에 신경을 씁니다.

물을 자주 먹게 하려면 물그릇의 위치가 중요하다

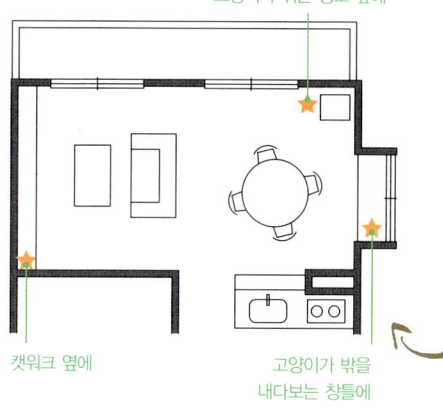

고양이가 쉬는 장소 옆에

캣워크 옆에

고양이가 밖을 내다보는 창틀에

여러 곳에 둔다

고양이의 선조는 사막에서 생활했기에 물을 많이 마시지 않는 고양이도 있습니다. 그러나 대부분 고양이는 물을 마시지 않으면 신장에 손상이 갈 수 있으므로 주의해야 합니다. 고양이가 기분 좋게 물을 마실 수 있도록 물그릇을 집 안 두세 군데에 드문드문 두면 좋습니다.

고양이가 앉을 만한 거실 곳곳에 물그릇을 두어 수시로 물을 마실 수 있게 한다. 단, 고양이가 안정적으로 자리를 잡을 수 없는 공간은 피한다.

청결한 장소에 둔다

물그릇을 여러 곳에 두기만 하면 되는 게 아닙니다. 고양이에게도 싫어하는 장소가 있는데, 대표적인 것이 화장실 옆입니다. 사람도 화장실 옆에서 물을 마시고 싶지는 않겠지요. 화장실 부근을 피해 여러 장소를 선택해주세요.

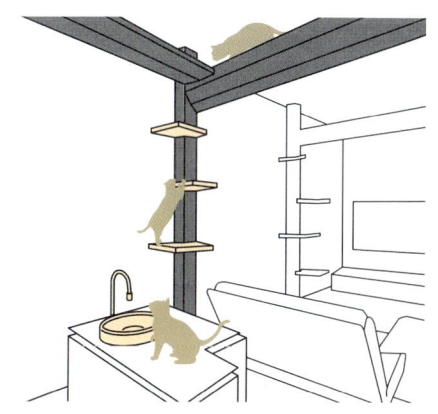

눈에 띄기 쉬운 곳에 둔다

물이 있다는 사실을 고양이에게 알리는 것이 중요합니다. 캣타워나 캣스텝 중 떨어뜨릴 염려가 없는 칸 등 고양이가 자주 다니는 길에 물그릇을 놓아두면 좋습니다.

제공: 애니컴 홀딩스

고양이 급수대는 사람의 관리가 중요하다

고양이가 좋아할 만한 장소라 하더라도 높은 캣타워 위 등 사람의 눈이 닿지 않는 위치에 두면 고양이가 물을 어느 정도 마시는지 파악하기 어렵습니다. 또한 물을 며칠 동안 계속 놓아둔 채 잊어버릴 수도 있어 위생적이지 못하기도 합니다. 따라서 사람이 관리하기 쉽고 손이 닿는 장소를 고르는 게 좋습니다.

고양이 전용 급수대 설치 가이드
공간의 형편에 따라야 하겠지만, 바닥에서 800~900mm 정도 높이의 간이 세면대를 설치하면 고양이가 좋아합니다. 이 정도 높이면 물을 마시다 흘려도 마룻바닥보다 닦아내기가 편리하고 얼마나 자주 마시는지를 관찰하기도 쉽습니다.

수도꼭지를 설치할 때는 물이 넘치지 않도록 배출 구멍(오버 플로우)을 만들어두는 것이 좋습니다. 그리고 고양이가 항상 신선한 물을 마실 수 있도록 물을 조금 틀어놓으세요. 물방울이 똑똑 떨어질 정도면 됩니다. 레버를 상하로 움직이는 방식보다 핸들처럼 돌리는 방식이 양을 미세하게 조정할 수 있어 더 편리합니다.

오버 플로우

바닥은 청소하기 쉬운 마감재를 선택하자
고양이의 식사 공간을 바닥에 준비할 때는 청소하기 쉽고 오염에 강한 소재를 사용합니다. 사진의 예는 주방과 거실 사이에 고양이의 식사 공간을 마련하면서, 주방과 같은 타일로 바닥을 시공하여 청결한 상태를 유지할 수 있게 했습니다.

고양이의 식탁과 화장실을 일체형으로 제작한다면

일반적으로 고양이의 화장실은 멀찌감치 떨어져 있는 것이 바람직합니다. 그러나 공간에 여유가 없으면 일체형으로 배치하는 경우도 있습니다. 아래에 화장실을 두고 그 위층을 식탁으로 한 후 식탁 천장 부분을 선반 등으로 배치하면 공간을 효율적으로 활용할 수 있습니다. 식사와 배설의 뒤처리를 한 곳에서 할 수 있기 때문에 사람에게는 편할 수 있지만, 고양이가 거부할 경우 각각 따로 마련해주는 것이 좋습니다.

식당

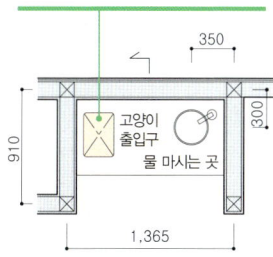

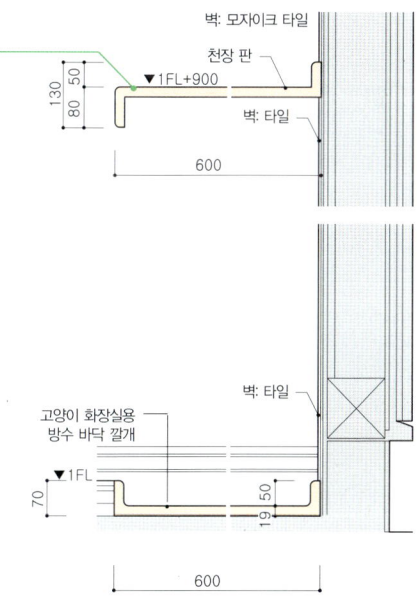

고양이 식탁의 크기를 계산할 때, 약 1.6㎡(0.5평)면 네 마리까지 동시에 사용 가능하다.

| 주방

장난이 사고로 이어지지 않도록 대책 세우기

주방에는 물과 음식 등 고양이가 흥미를 가질 만한 물건들이 많지만,
그중에는 불이나 칼 등 자칫 고양이를 다치게 할 것들도 있습니다.
가능한 한 숨기거나 잠가서 고양이가 건드리지 못하도록 철저히 관리해야 합니다.

고양이가 주방에서 장난을 많이 친다면
주방을 폐쇄형으로 바꾸는 것도 검토해본다.

쓰레기통에는 자칫 고양이가 먹으면
위험한 것들도 있으므로 덮개형으로 한다.

고양이에게 주방은 흥미진진한 장소입니다. 어떤 고양이는 싱크대로 뛰어올라 요리를 하고 있는 가족의 모습이나 조미료 통, 그릇 등을 정신없이 바라보기도 합니다. 그냥 바라보기만 하는 것으로 그치면 다행이지만, 이리저리 뛰어다니다가 불에 델 수도 있고, 고양이에게는 위험한 음식을 먹을 수도 있습니다. 그런 사고를 방지하려면 사람이 주의하는 수밖에 없으니, 고양이가 위험한 장소나 물건에 다가가지 못하도록 대비책을 마련해야 합니다.

고양이가 주방에 접근하지 못하게 한다

대부분의 고양이에게 주방은 흥미진진한 장소입니다. 고양이를 잘 교육하여 접근하지 못하게 하기란 쉽지 않으니 애초에 접근할 수 없도록 하는 게 중요합니다. 공간 배치에 변화를 주거나 접근하고 싶은 생각이 들지 않는 구조로 만드는 게 좋습니다.

발 디딜 곳을 만들지 않는다

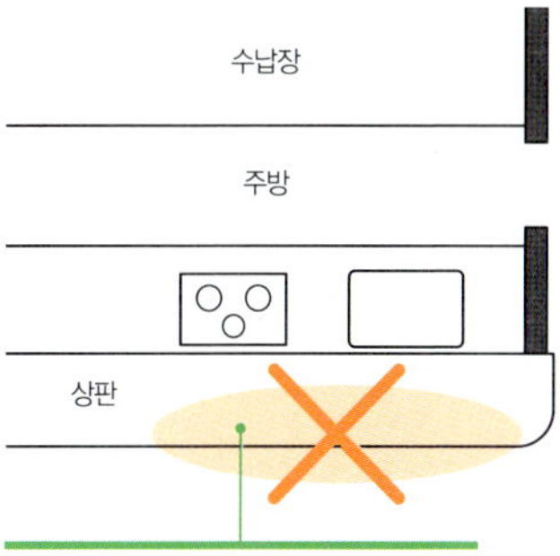

주방 근처에 캣타워나 캣스텝을 설치하지 않는다. 주방에서 고양이가 발 디딜 곳을 아예 없애는 것이다.

폐쇄형 주방으로 만든다

절대로 들어와서는 안 된다고 생각한다면, 폐쇄형 주방으로 만들고 고양이의 출입을 허용하지 않는다.

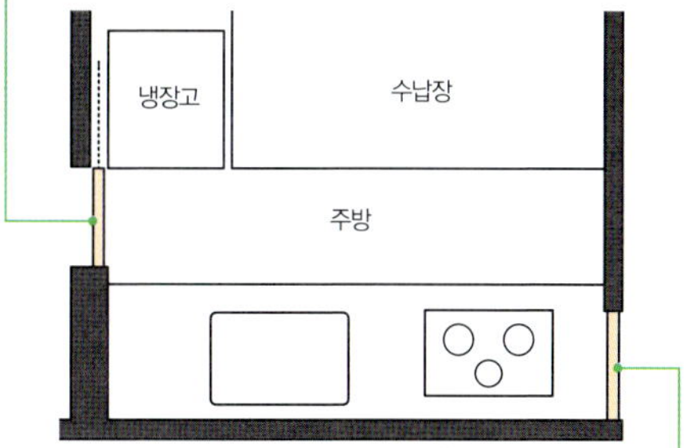

폐쇄형 주방이라도 벽면 일부를 유리로 해두면 밖에서 고양이가 사람의 움직임을 볼 수 있다.

테이프 등을 이용하여 '싫은 장소'로 각인시킨다

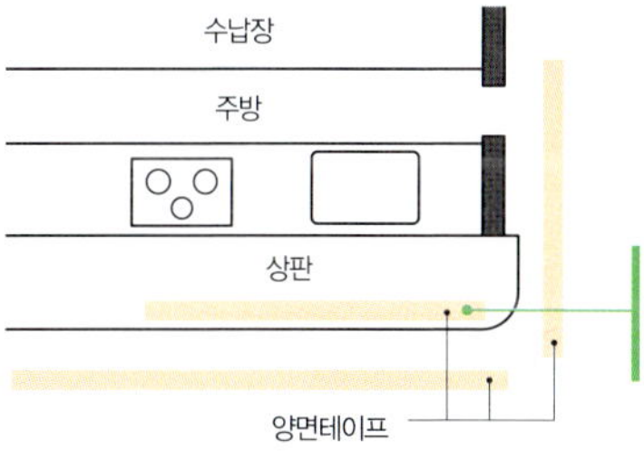

싱크대 등 고양이가 올라서면 안 되는 장소에 일정 기간 양면테이프를 붙여놓는다. 이렇게 '발바닥이 끈적끈적해서 불쾌한 장소'로 인식시킴으로써 고양이가 접근하지 않게 됐다는 사례도 있다.

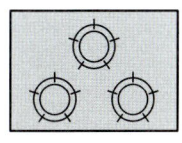
가스레인지

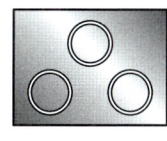
인덕션

가스레인지와 인덕션 주의할 점

가스레인지의 경우는 불꽃이 고양이에게 호기심을 불러일으킬 수도 있습니다. 또한 인덕션은 고양이가 전원 버튼을 발로 눌러 켤 수도 있고, 열기가 남아있는지 모르고 올라가 화상을 입을 수도 있습니다. 고양이는 피부가 노출된 코끝이나 발바닥을 제외하고 털로 덮여 있는 부분은 의외로 열에 둔감한 편입니다. 사람은 44℃ 정도면 뜨겁다고 느끼지만, 고양이는 51℃ 이상이 되어야 열을 느낀다고 합니다.

쓰레기통은 수납장 안에 넣는다

쓰레기통은 고양이가 흥미를 느끼는 물건들로 가득하여 장난치기 좋습니다. 주방에는 특히 음식물 쓰레기 등도 있으므로 수납장에 넣는 방식을 권합니다.

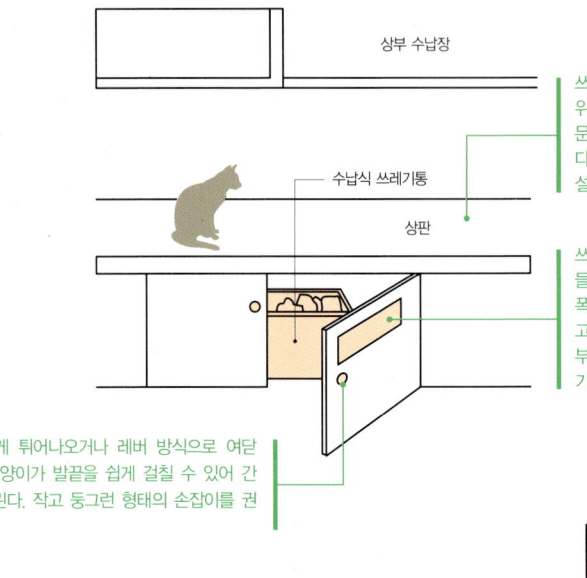

쓰레기 투입구는 고양이가 싱크대 위에 있다가 빠질 위험이 있기 때문에 싱크대 상판에 설치하지 않는다. 투입구는 서랍문이나 측면에 설치한다.

쓰레기 투입구는 고양이의 머리가 들어가지 않는 크기로 한다. 상하 폭 70mm 이하가 기준이다. 새끼 고양이가 있는 집이라면 바닥으로부터 높이 500mm 이하에는 쓰레기 투입구를 만들지 않도록 한다.

손잡이가 길게 튀어나오거나 레버 방식으로 여닫는 서랍은 고양이가 발끝을 쉽게 걸칠 수 있어 간단히 열어버린다. 작고 둥그런 형태의 손잡이를 권한다.

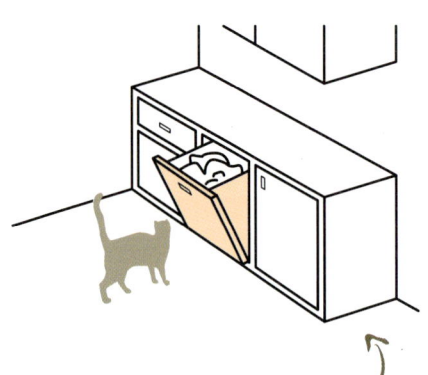

고양이가 들어갈 수 없는 음식 수납장을 설치하여 이곳에 쓰레기통을 두는 것도 좋다. 음식 수납장에는 고양이 관련 상비품, 비상시용 사료, 펫 시트, 이동용 가방 등도 둘 수 있다.

끌어당겨 여는 방식의 쓰레기통이라면 보다 안심할 수 있다. 이런 방식이면 쓰레기가 고양이 눈에 전혀 띄지 않게 된다. 장난치면 안 되는 물건은 보이지 않게 하고, 만지지 못하게 하는 것이 기본이다. 쓰레기통을 수납장 안으로 넣으면 실내도 깔끔해진다.

Column

고양이 사료, 어떤 것이 좋을까?

고양이 역시 사람과 마찬가지로 단백질, 지방, 탄수화물 등 3대 영양소를 필수로 하지만 섭취해야 할 비율에는 차이가 있다. 사람은 필요 에너지양의 약 70%를 탄수화물에서 얻는 반면, 육식동물인 고양이는 단백질을 많이 섭취할 필요가 있다. 또한 타우린이나 비타민 A 등의 영양소를 체내에서 생성하지 못하기 때문에, 고양이 사료에는 타우린이 많이 함유되어 있다. 타우린이 부족하면 시력 장애나 심장 질환 등을 일으킬 위험이 있다. 체형과 연령에 맞게 필요한 영양소가 골고루 함유된 사료를 선택하여 적절히 주는 것이 고양이 건강에 좋다.

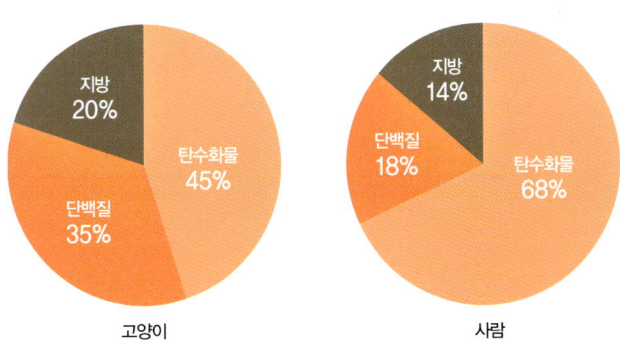

고양이와 사람에게 필요한 3대 영양소 비교

고양이: 지방 20%, 탄수화물 45%, 단백질 35%
사람: 지방 14%, 단백질 18%, 탄수화물 68%

고양이 사료의 종류

고양이의 식사는 단백질이 중요하기 때문에 곡물보다 육류나 어류가 주재료여야 한다. 사료는 시간이 지남에 따라 열화, 산화될 수 있으므로 건식일지라도 1개월 이내에 소비하는 것이 좋다.

| 건식 또는 습식 사료 |

수분을 10% 정도밖에 함유하고 있지 않은 건식과 수분을 많이 함유하고 있는 습식(고양이 캔)이 있다. 건식은 영양 균형이 좋고 개봉 후 보존성도 높다. 단, 건식을 주사료로 할 경우는 물을 많이 섭취하도록 신경 써야 한다. 습식은 사료를 먹을 때 수분도 섭취할 수 있다는 장점이 있지만 건식보다 비싸다는 단점이 있다.

| 기능성 사료 |

매일의 식사에 적합한 이상적인 영양 균형을 중점으로 한 '종합 영양식'이 기본이다. 그 외에 비만 방지나 털의 윤기 보강, 치석 방지 등의 기능을 추가한 제품도 있고, 임신 · 출산 · 수유 중인 고양이나 수술 후 회복 중인 고양이를 위한 제품도 있다.

| 연령별 사료 |

나이에 따라 필요한 칼로리나 영양소의 양이 변하기 때문에 새끼 고양이(자묘)용, 성인 고양이(성묘)용, 7세 이상 고양이(노묘)용 등으로 분류되어 있다.

| 서재·침실 |

고양이와 사람 모두에게
안정된 공간으로 만들기

고양이와 항상 함께 있고 싶어도 어느 정도는 거리를 두는 것도 필요합니다.
따라서 고양이와 공유하지 않는 공간도 만들어야 합니다.

고양이에게도 사람에게도 적당한 거리감을 고려하여 생활 공간을 만든다.

사람에 따라 고양이의 출입을 허용하지 않는 장소도 필요하다.

고양이와 사람이 모두 쾌적하게 지내기 위해서는 적당한 거리감을 확보하는 것이 중요합니다. 집안일이나 공부를 할 때 고양이에게 방해받고 싶지 않다면, 집에서 고양이와 사람 간의 거리감을 어떻게 유지할 것인가를 정해 동선을 정리합니다. 고양이는 자신의 개인 공간과 그 주변의 완충 공간을 입체적으로 정하기 때문에 높은 곳에도 지낼 곳을 만들어주면 좋습니다. 들어오면 안 되는 장소에는 들어오지 못하게 할 대책이 필요합니다.

가족의 얼굴이 보이는 위치에 고양이의 거처를 마련한다

서재·침실

출입을 금지하는 대신
들여다 볼 수 있는 창을 만들자

서재에서의 작업을 방해받고 싶지 않을 경우, 벽 너머에 고양이가 있을 만한 공간을 마련해주고 작은 유리창을 만들어둡니다. 이렇게 하면 가족의 얼굴을 보고 싶어 하는 고양이의 마음을 충족시켜줄 수 있어요. 고양이로서도 가족과 적당한 거리를 유지하면서 느긋하게 쉴 수 있습니다. 서재에 고양이를 들이고 싶지 않을 때 좋은 방법입니다.

사람의 시선과 같은 높이나 조금 높은 곳에서 사람의 행동을 바라보는 것을 좋아하는 고양이도 많다. 옆방에서 서재를 들여다볼 수 있게 고양이 창을 설치하면, 고양이도 안정감을 느끼며 그곳에 오래 있게 돼 서재에서 일하는 데 방해받지 않는다.

고양이 창과 캣스텝 설치 가이드

고양이 창을 캣스텝과 함께 설계하면 창을 들여다보면서 뒹굴거릴 수 있어 더 좋아합니다. 고양이가 마음을 놓는 거리는 개성에 따라 또는 그때그때의 기분에 따라 변하기 때문에 높이가 다른 여러 개의 고양이 창을 설치하면 좋습니다.

고양이 창의 크기는 150~200mm의 정사각형을 권한다. 바닥 캣스텝 디딤판의 바닥에서부터 고양이 창의 하부까지 높이를 잴 때는 고양이가 앉았을 때의 얼굴 높이를 고려한다. 150~200mm의 정사각형 고양이 창의 경우는 높이 250~400mm가 좋다. 뒹굴거리며 들여다보게 하는 고양이 창이라면 높이 200mm가 적당하다.

침실에는 고양이 알레르기 방지 대책이 필요하다

침실은 따로 사용하는 것이 바람직하다

고양이와 침실을 함께 쓰고 싶어 하는 사람도 있겠지만, 위생적인 측면을 고려하면 따로따로 쓰는 것이 좋습니다. 고양이를 처음 기르기 시작할 때는 괜찮았는데 시간이 지남에 따라 고양이 알레르기가 생기는 사람도 있기 때문입니다. 고양이한테서 나오는 알레르겐(알레르기의 원인)에 접촉할 기회를 줄이는 것이 고양이 알레르기를 예방하는 길입니다.

침실을 함께 사용한다면

꼭 침실을 같이 쓰고 싶다면 침대 옆 조금 높은 위치에 고양이 침대를 두면 됩니다. 청소를 자주 하고 통풍과 환기에도 한층 신경을 써야 합니다. 고양이 털은 진드기나 곰팡이 등의 번식을 촉진하기도 하며 특히 침대나 가구 뒷면은 집먼지진드기가 살기 좋은 장소입니다. 침실의 가구를 줄여 통풍이 잘되게 하고 청소하기 쉽게 하는 것도 중요합니다. 침구도 자주 세탁해야 합니다.

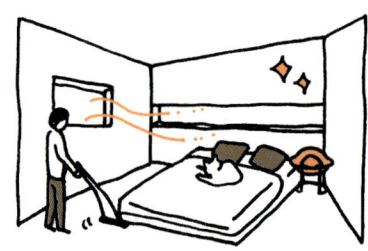

고양이 털, 날마다 빗기고 열심히 청소하자

고양이는 계속 털이 빠지는데, 특히 털갈이 때(보통 봄과 가을)가 되면 날마다 많은 양의 털이 빠집니다. 탈모는 신진대사에 의한 것으로 자연스러운 현상입니다. 매일매일 열심히 빗겨주고 청소하는 것이 중요합니다. 단모종일 경우 러버 브러시를 사용하면 털이 러버 브러시에 달라붙기에 집 안에 덜 날아다니게 할 수 있습니다. 방 구석 등 털이 뭉쳐서 쌓이기 쉬운 부분까지 쉽게 청소할 수 있도록 가구를 배치하여 집 안을 청결하게 유지합니다.

털은 꼬리에서부터 심장 방향으로 단계적으로 새로 나기 시작한다. 그러므로 털갈이를 시작할 때는 하반신을 중심으로, 끝나갈 때는 상반신에서부터 꼬리까지 빗겨주면 좋다.

Column

고양이 전염병에는 무엇이 있나?

고양이와 행복하게 살기 위해서는 사람에게 전염되는 질병이 있는지 알아두어야 한다. 전염병을 예방하기 위해서는 우선 정확한 지식을 가져야 하고, 과도한 스킨십을 피하는 등 고양이와 적절한 거리를 두고 접하는 것이 중요하다.

고양이에게서 사람으로 전염될 가능성이 있는 대표적인 질병		
톡소플라스마	감염 경로	고양이가 배설한 회충 알이 사람의 입을 통해 체내에 들어가 감염시킨다. 닭 등의 간을 날로 먹을 때도 감염될 수 있다.
	사람의 증상	사람의 체내에서 유충이 돌아다니다가 시신경이나 중추신경계에 들어가 시력 장애나 뇌염을 일으킬 위험이 있다.
	예방책	고양이는 정기적으로 구충한다. 알은 놀이터의 모래에도 있을 수 있으므로 아이들이 모래 장난을 했을 때는 바로 비누로 손을 깨끗이 씻게 한다.
고양이할큄증 (바르토넬라증)	감염 경로	고양이(특히 새끼 고양이)에게 물리거나 할퀴어 감염되는 경우. 벼룩을 통해 감염되는 경우도 있다.
	사람의 증상	15세 이하의 감염이 많다. 상처의 통증, 발열, 림프샘염 등이 몇 주에서 몇 개월 동안 지속되는 경우도 있다.
	예방책	할퀴지 않도록 고양이의 손톱을 짧게 깎아준다. 벼룩이 감염원이 되는 경우도 있으므로 벼룩 구제를 한다.
파스튜렐라감염증	감염 경로	주로 고양이에게 물리거나 할퀴어 감염된다. 고양이가 입을 핥아 호흡기로 감염되는 경우도 있다.
	사람의 증상	상처의 통증, 화농, 림프샘염 등. 입으로 전염되면 폐렴이나 기관지염 등을 앓을 수도 있다.
	예방책	고양이에게 물리거나 할퀴이지 않게 주의한다. 고양이와 입을 맞추거나 음식을 입으로 주지 않는다.
피부사상균증	감염 경로	피부사상균이라는 곰팡이가 자라는 피부병으로, 균을 가지고 있는 고양이와 접촉함으로써 감염된다.
	사람의 증상	가렵거나 피부에 원형 반점이나 수포가 생긴다. 주로 팔이나 목 주변 등에 증상이 나타난다.
	예방책	습도가 높을수록 균이 번식하기 쉬우므로 통기성을 좋게 한다. 증상이 나타났을 때는 바로 치료한다.

고양이들 간의 전염병에도 주의

사람에게 영향을 주진 않지만 고양이간에 옮기는 병에도 주의한다. '고양이면역부전바이러스(고양이 에이즈)'는 고양이들끼리 싸우다가 생긴 상처로 감염되는 질병이다. 감염되어도 발병하지 않는 경우도 있지만, 일단 발병하면 면역력 저하 등의 증상이 나타난다. '고양이 백혈병'은 감염된 고양이의 체액(타액, 오줌, 혈액, 배설물)을 통해서 전파된다. 그래서 어미 고양이가 임신이나 수유 기간 중에 새끼에게 전염된다. 잠복기가 있고 발병하면 완치가 어려우며 발열이나 빈혈, 림프종 등의 증상이 나타난다. 어떤 질병이든 완전히 실내에서만 키우고 백신 접종을 한다면 어느 정도는 예방할 수 있다.

| 물 |

물과 관련된 위험으로부터 고양이 보호하기

물이 찬 욕조에 빠지거나 잘못해서 세제를 핥는 등의
사고가 일어나지 않도록 물과 물 관련 물품에 주의를 기울여야 합니다.

물에 젖는 것은 싫어하면서도
흐르는 물에는 흥미를 보인다.

좁은 장소를 좋아하기 때문에 세탁기 안이나
세면대 안을 거처로 삼으려는 고양이도 있다.

길고양이에게 많이 일어나는 사고는 교통사고이지만, 집고양이에게는 욕실이나 세탁기가 위험 요소가 될 수 있습니다. 고양이는 물에 젖는 것을 싫어하면서도 흐르는 물에는 흥미를 보입니다. 욕조의 물을 마시려고 하다가 미끄러져 물에 빠지는 경우도 있습니다. 물을 사용하는 공간에 고양이가 접근하지 못하게 하고, 목욕을 해줘야 할 때는 안전하게 물을 사용할 수 있는 전용 공간을 확보해두면 좋습니다.

물과 관련된 사고를 방지하려면 주의가 필요하다

물을 사용하는 공간 출입을 금한다

세면대, 욕실, 빨래건조실 등에서 표백제나 세제 등을 바닥에 놓고 사용하기도 하는데 자칫 고양이가 핥을 수도 있습니다. 이런 사태가 발생하지 않도록 물을 사용하는 공간에는 고양이의 출입을 막는 것이 좋습니다. 이런 공간에는 잠금장치가 달린 문을 달아 공간을 구분합니다.

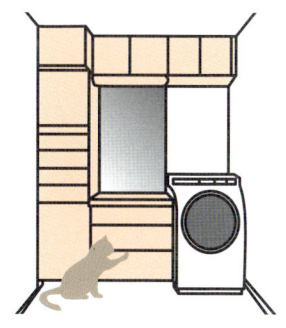

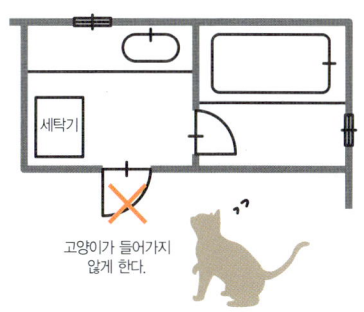

세제는 수납함에 보관한다

물을 사용하는 공간에 고양이가 접근하지 못하게 하는 것이 중요하지만, 혹시 들어왔더라도 문제가 발생하지 않도록 조치해두어야 합니다. 세제 등을 사용한 후에는 그대로 두지 말고 꼭 수납함에 정리해 넣습니다.

세면대에 들어가지 못하게 한다

고양이가 싱크대나 세면대 주변을 걸어 다니다가 레버 핸들을 건드려 수돗물을 틀 수도 있습니다. 집에 사람이 아무도 없다면 주방이나 욕실이 자칫 물바다가 될 수도 있지요. 이를 방지하기 위하여 가동 범위가 좁은 레버 핸들을 선택하는 것이 좋습니다.

고양이의 동선을 피한다

공간 배치를 고민하여 고양이의 동선이 물 사용 공간과 겹치지 않게 합니다. 캣워크나 캣타워 등을 다른 쪽으로 유도하여 고양이가 놀거나 쉬는 공간이 물과 만나지 않게 배치해주세요.

고양이를 잘 씻기려면 싫어하는 것을 알아야 한다

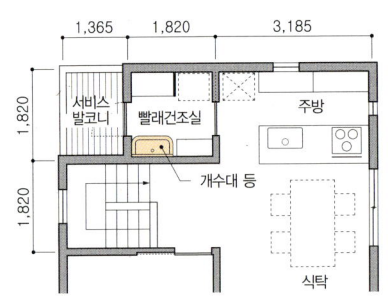

다목적 개수대를 활용한다

고양이는 몸이 물에 젖는 것을 싫어합니다. 단모종이라면 매일 그루밍과 브러싱을 하는 것만으로도 청결을 유지할 수 있지만, 장모종은 그루밍만으로는 손질이 충분하지 않기 때문에 월 1회 정도 목욕을 시켜주어야 합니다. 빨래건조실 등에 밑이 깊은 개수대를 설치하면 고양이 목욕용과 가사용으로 편리하게 사용할 수 있습니다. 바닥이 완전히 평평한 것으로 하고 미끄럼 방지 매트를 바닥에 깔아두면 좋습니다.

샤워 방법에 신경쓴다

샤워기 소리는 고음역이기 때문에 고양이들이 싫어합니다. 또한 높은 위치에서 물을 끼얹으면 놀라거나 무서워할 수 있습니다. 샴푸를 시킬 때는 물을 끼얹지 말고, 통에 고양이 발이 잠길 정도로 따뜻한 물을 받아 사용합니다. 또한 샤워기는 헤드 부분에 절수 스위치가 달린 제품이 고양이를 씻길 때 편리합니다.

헤드에 절수 버튼이 있는 제품이나 애완동물용 샤워기를 이용하자. 높은 데서 물을 뿌리지 말고 피부에 가까이 대고 사용한다.

샤워 후 몸을 말려줄 때는 애완동물용 저온식 드라이를 사용한다.

고양이 샴푸대 제작 팁

물기를 닦을 때 드라이를 사용하면 물과 함께 털도 날리게 됩니다. 이 점을 고려하여 샴푸대 주변 벽은 사람의 욕실과 같이 내수성이 좋고 청소하기 쉬운 마감재를 택합니다. 커다란 타일로 욕실 벽을 마감하면 편리합니다.

고양이 전용 샴푸대를 설치한다

고양이를 집에서 샴푸시킬 때 욕실을 사용하는 경우가 많은데, 사람을 기준으로 만든 설비를 그대로 사용하면 불편한 점이 많습니다. 이럴 때는 고양이 전용 샴푸대를 만드는 방법도 있습니다.

물

여러 마리를 키울 때 샤워 후 말려주는 것은 중노동이기 때문에 박스형 드라이룸을 설치했다.

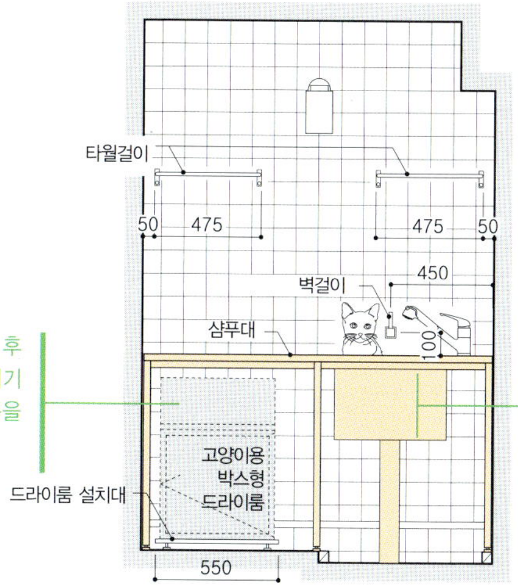

시중에서 판매되는 제품의 표준 치수에 맞추어 디자인했는데, 싱크대의 깊이가 표준보다 220mm 얕아 350mm의 특별 주문 제품을 이용했다.

타월걸이
50 475   475 50
450
벽걸이
샴푸대
고양이용 박스형 드라이룸
드라이룸 설치대
550

샴푸대 전개도 S = 1 : 40

스테인리스 개수대를 만드는 제조사에 제작을 의뢰한 특별 주문 제품. 스테인리스 프레임에 티크 원목 상판을 사용했다.

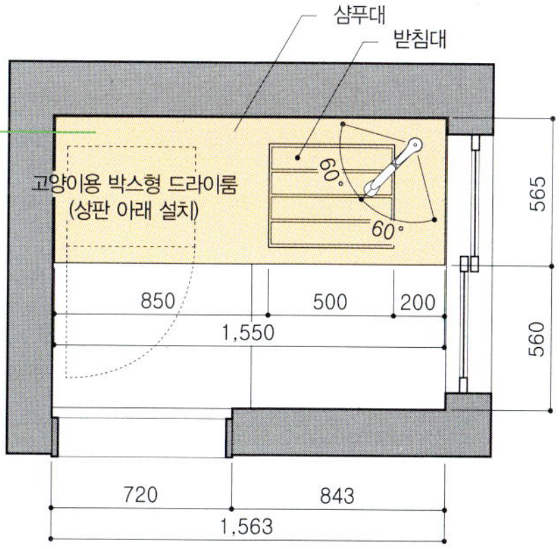

샴푸대
받침대
고양이용 박스형 드라이룸
(상판 아래 설치)
60°
60°
565
560
850 500 200
1,550
720 843
1,563

샴푸대 평면도 S = 1 : 40

047

발코니

안전하게 생활할 수 있는 발코니 만들기

발코니나 테라스로 나갈 수 있게 해두면 고양이가 기분 전환을 할 수 있습니다.
이때는 발코니 바깥 부분으로 섀시나 격자 벽을 쳐주세요.
바람과 시선이 통과하면서도 고양이가 떨어질 염려가 없어 안심할 수 있습니다.

고양이가 밖으로 나가지 못하게 그물망을 쳐도 된다.

가고 싶다냥, 발코니….

하지만 바깥 세상은 위험해….

격자 벽이나 섀시 등을 설치하지 않았을 때는 고양이가 밖으로 나가지 못하도록 사람이 밖으로 나갈 때는 반드시 창을 닫는다.

고양이는 가족이 있는 곳은 모두 자신도 갈 수 있는 장소라고 생각합니다. 그러므로 가족이 빨래를 널러 발코니나 테라스로 나가면 따라 나가려고 합니다. 그럴 경우를 대비하여 발코니나 테라스에 안전 장치를 설치해야 합니다. 또한 길고양이가 많은 지역에서는 집고양이가 외부 테라스에 나왔을 때 길고양이들의 냄새 때문에 스트레스를 받기도 하므로 주의가 필요합니다.

천장까지 닿는 수직 격자 벽을 만든다

발코니

고양이가 안전하게 바깥 공기를 마시도록 해주려면 발코니나 테라스 등에 천장까지 닿는 수직 격자 벽을 설치하면 좋습니다. 단, 천장이 없는 경우 격자 벽을 타고 올라가 밖으로 나가버릴 수도 있습니다. 이를 방지하려면 수직 벽 맨 윗부분에 천장을 500mm 이상 만드는 것이 좋습니다. 격자를 타고 올라가더라도 천장에 막혀 밖으로 나갈 수 없으므로 발코니에서 마음껏 놀게 할 수 있습니다.

격자 간격을 30mm로 하면 고양이가 빠져나가는 것을 방지하면서 채광이나 통풍도 확보할 수 있다. 성인 고양이라면 격자 간격을 70mm로 해도 문제없다.

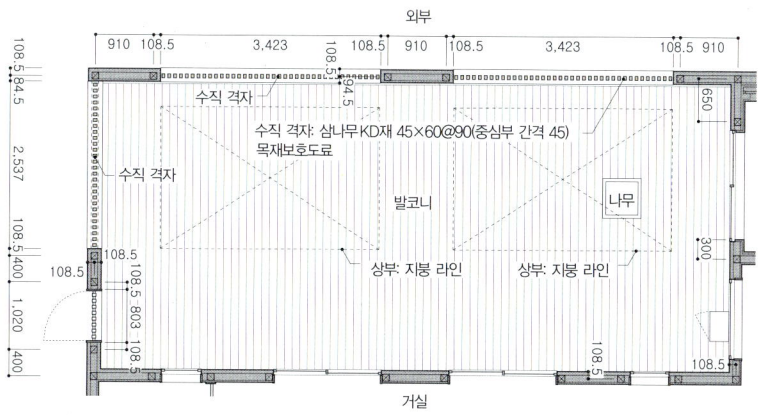

평면도 S = 1 : 120

발코니에서 마음껏 놀 수 있도록 안전장치를 마련한다

고양이가 외부로 나갈 수 없도록 장치를 마련했다면, 발코니나 테라스 등에 운동기구를 설치하여 운동 부족을 해소하고 기분 전환을 하게 해줍니다. 중간 크기의 나무에 나무판자를 연결한 간단한 운동기구라도 고양이에게는 아주 훌륭한 놀이동산이 됩니다. 발코니 바닥재로 타일이나 블록을 사용하면 여름에는 햇빛에 가열돼 고양이가 화상을 입을 수 있습니다. 인공 잔디도 플라스틱의 일종이기 때문에 발바닥에 상처를 입을 수 있을 뿐만 아니라 잡균이나 진드기가 번식하기 쉬우므로 피해야 합니다.

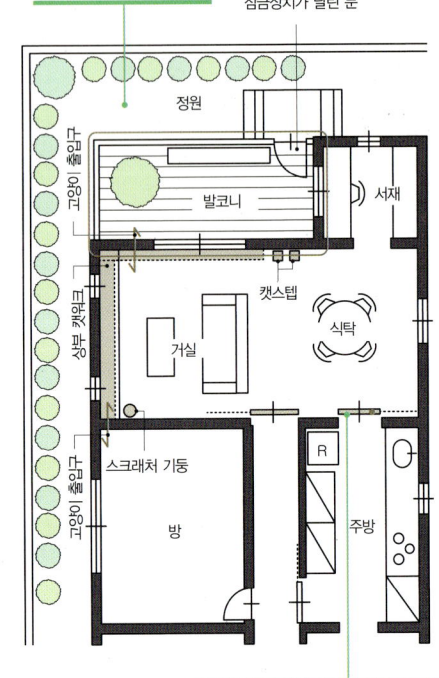

정원에는 사람만 출입한다.
잠금장치가 달린 문
정원
발코니
서재
캣스텝
거실
식탁
스크래처 기둥
방
주방
고양이 출입구
생활 캣워크
고양이 출입구

고양이가 주방에 들어가지 못하도록 미닫이문으로 구분했다.

고양이가 밖으로 나가지 못하도록 좁은 간격으로 격자를 설치한다. 고양이가 발로 짚고 오르지 못하도록 수직 격자를 기본으로 한다.

밖이 보이는 높이에 앉을 자리를 설치하면 고양이는 바깥 구경을 하면서 즐거운 자극을 받는다. 단 길고양이가 많은 지역에서는 스트레스가 되기 때문에 번식기에는 특히 주의한다.

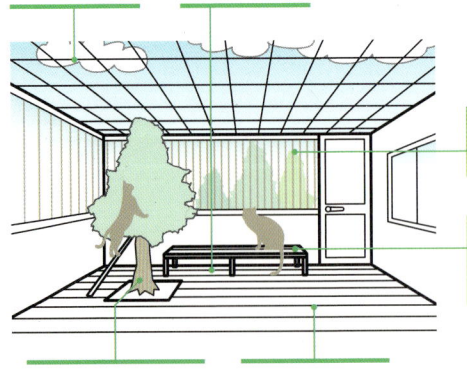

천장도 가능한 한 격자로 덮는다.

군데군데 그늘이 지게 해 햇살을 피할 수 있게 한다.

나무타기용 나무는 고양이에게 해롭지 않은 물푸레나무 등을 고른다.

바닥은 외부용 목재 데크를 사용했다.

> **Column**

"어떡하죠? 고양이가 집을 나갔어요!"

아무리 주의를 기울여도 만일의 사태는 일어날 수 있다. '현관도 발코니도 모두 꼼꼼하게 관리했는데 방심한 순간 고양이가 밖으로 나가버렸다' 라거나, '큰 소리가 나서 고양이가 놀라 잠깐 사이에 도망쳐버렸다' 와 같은 일들은 누구에게도 일어날 수 있다. 물론 이런 일이 일어나지 않아야겠지만, 그래도 만일의 경우를 대비해두어야 한다.

고양이가 집을 나갔을 때를 대비하는 용품

하네스(고양이용 가슴줄)
도망쳤던 경험이 있는 고양이는 외출 시에 하네스를 꼭 채운다. 화재, 지진 등이 일어나 어쩔 수 없이 데리고 나가야만 할 때도 고양이를 곁에 둘 수 있어 유용하다.

인식표
튼튼하고 가벼운 스테인리스 소재가 좋다. 글자는 지워질 염려가 없도록 산으로 부식시키는 에칭 가공 방법을 권한다.

캡슐형 인식표
안에 연락처를 쓴 종이를 넣어둔다. 방울을 함께 달아두면 인식표의 존재를 알아차리기 쉽다.

마이크로칩
마이크로칩에는 고양이에 관한 정보가 들어 있어 리더기로 정보를 확인할 수 있다. 고양이 등(어깨뼈 주변) 피하에 주사한다.

고양이가 없어졌다는 사실을 알았을 때

① 집 근처를 바로 수색한다
실내에서 기르는 고양이는 바깥세상에 자신의 영역이 없기 때문에 그리 멀리까지 도망가지는 않는다. 잃어버린 지 4~5일 이내라면, 근처에 있을 가능성이 높다. 집을 중심으로 반경 500m 정도를 집중적으로 수색한다.

② 보호소에 연락한다
행방불명이 됐다면 수색과 동시에 바로 유기동물 보호소에 연락해둔다. 이렇게 해두면 보호소에 정보가 들어오는 대로 가족에게 알려준다.

③ 고양이를 찾았을 때
고양이를 찾았다면 눈에 띄는 외상이 없더라도 바로 동물병원으로 데리고 가 건강 상태를 반드시 체크한다.

PART 1 고양이와 사람, 모두가 행복한 공간 만들기

| 창호 |

창문으로 고양이 행복지수 올려주기

고양이는 창문 주변을 매우 좋아합니다.
멀리 내다볼 수 있는 창문은
고양이가 편안히 뒹굴거릴 수 있도록 창틀을 넓게 하는 것이 좋아요.

고양이 일광욕 전용 창은 단열타입이되 자외선 차단율이 낮은 것을 선택한다.

창틀에서 고양이가 뒹굴뒹굴하거나 느긋하게 있기를 원하면 창틀 밑 부분의 폭을 450mm 이상으로 하는 것이 바람직하다.

고양이에게는 적절한 자외선이 필요하므로 일광욕하기 좋게 창틀을 넓게 만들어 줍니다. 유리창이 단열형의 로이(Low-E) 복층 유리라면 자외선이 차단되기 때문에 고양이용 창문만은 단열형을 사용하지 않는 것이 좋습니다. 단, 자외선 알레르기 같은 피부 염증 등의 질병이 보일 때는 자외선량을 조절할 필요가 있습니다.

계단 위쪽에서 경치를 내려다보게 해준다

창호

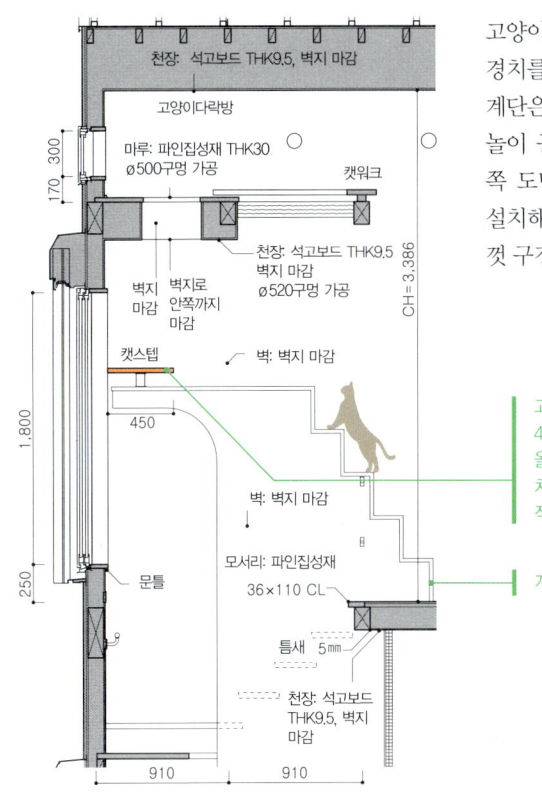

고양이가 심심하지 않게 하려면 높은 곳에서 경치를 내려다볼 수 있게 하는 것이 좋습니다. 계단은 수직 방향의 공간이기 때문에 여기에 놀이 공간을 마련해주면 아주 좋아합니다. 왼쪽 도면에서는 계단 창쪽에 고양이 디딤판을 설치해 새나 바람에 날리는 나뭇잎 등을 마음껏 구경하게 했습니다.

고양이가 디딤판에서 뒹굴뒹굴할 수 있도록 폭을 450mm로 넓게 만들면 좋다. 두세 마리의 고양이가 올라가는 1,800mm 폭의 디딤판일 경우, 양쪽으로 받쳐주는 구조라면 판재의 두께는 30mm 이상이 바람직하다. 단, 사람이 밟고 올라서면 안 된다.

계단의 난간이 캣스텝을 겸하고 있다.

사진 중앙에 보이는 계단 난간이 캣스텝 겸용이다. 캣스텝이나 캣워크는 사람이 청소할 때 디딤판으로도 사용할 수 있어 편리하다.

주로 머무는 공간에 다양한 창을 만든다

고양이는 집 안에서 영역을 확보하기 위해 수시로 감시하면서, 동시에 창밖으로 보이는 사람들이나 자동차의 움직임에도 흥미를 가집니다. 창밖의 풍경을 통해 많은 자극을 받는 것이죠. 그러므로 창을 설계할 때는 밖에 무엇이 보이는지를 파악해야 합니다. 수평 방향으로 가늘고 길며 바닥에 가까운 창문은 고양이가 바깥을 넓게 보도록 해줍니다. 또 여름철에는 시원한 바람이 들어오기 때문에 고양이도 사람도 상쾌함을 느낄 수 있습니다. 단, 활짝 열어두면 고양이가 도망갈 수 있으므로 루버창(갤러리창)으로 설치하면 좋습니다.

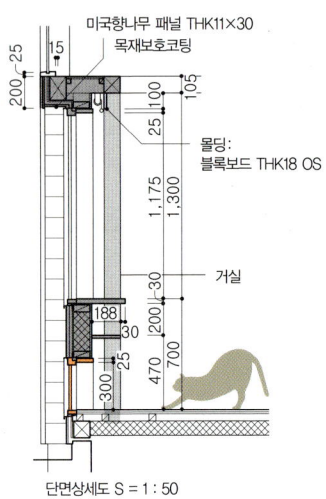

단면상세도 S = 1 : 50

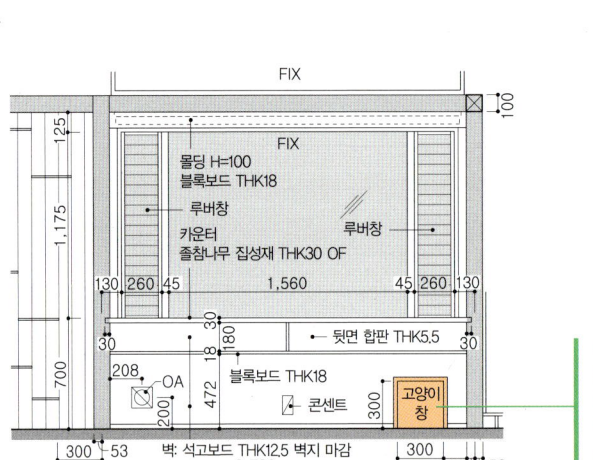

단면전개도 S = 1 : 50

바깥 경치를 실내에서도 즐길 수 있게 식당 옆에 커다란 창을 설치했다. 300×300mm의 유리로 된 붙박이 창으로, 고양이가 바닥에서 뒹굴뒹굴하면서 바깥 구경을 할 수 있다.

- 캣워크에서 밖을 구경할 수 있게 한 창
- 고양이가 장난치지 못하도록 커튼을 수납하는 공간
- 일광욕을 위한 공간
- 식사 공간에는 바닥재에 변화를 줬다. 여기서도 바깥 풍경을 볼 수 있다.

일광욕 하는 곳과 잠자는 곳은 분리한다

창가는 햇볕이나 냉기에 의해 단시간에 온도 차가 발생할 수 있습니다. 따라서, 고양이의 잠자리는 일광욕을 위한 창문 쪽 공간과 별도로 여러 곳에 마련해줍니다.

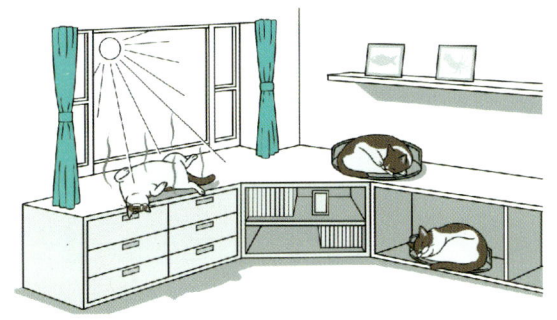

볕이 드는 부분의 바닥이 짙은 색일 경우 여름에 햇볕으로 뜨거워져 바닥 표면이 42℃ 이상까지 올라가기도 한다. 이 경우 고양이는 그 장소를 피하기 때문에 다른 장소에도 잠자리를 마련해준다.

1층 출입구 근처는 고양이 스프레이 대책이 필요하다

창가나 문, 커튼 부근 등 집안 영역의 경계 부분은 고양이 스프레이나 스크래치로 인한 마킹이 흔히 보이는 곳입니다. 특히 1층 출입구나 창가는 집 밖에서 다른 고양이의 냄새가 들어오기 때문에 스프레이 행위를 하기 쉽습니다. 현관 입구나 출입구에 칸막이를 설치하면 길고양이의 출입을 막고 길고양이가 아예 보이지 않게 할 수 있습니다. 또한 길고양이들이 보이는 방향의 창은 고양이 시선이 닿지 않도록 높게 만드는 것도 방법입니다.

다른 고양이가 보이면 출입구 쪽에 스프레이 행위를 하기 쉽다.

바깥의 상황이나 기척이 느껴지지 않으면 스프레이 행위를 잘 하지 않는다.

베이 창은 고양이에게 최고의 거처다

베이 창은 햇볕을 쬘 수 있고 밖에 있는 사람들이나 새, 풍경 등을 바라볼 수 있어 고양이에게 최고의 거처가 됩니다. 특히 2층에 설치한 베이 창은 위에서 경치를 바라볼 수 있으므로 고양이가 마음에 들어 할 가능성이 큽니다.

경치를 바라보거나 일광욕을 하는 등의 용도로 계절이나 시간에 따라 사용할 수 있도록 다양한 방향으로 창을 내면 좋다. 기분에 따라 거처를 바꿀 수 있어 고양이가 좋아한다.

2층 평면도 S = 1 : 150

사람에게도 즐거움을 주는 베이 창
베이 창은 일반적인 직선형 창문에 비해 입체적이고 탁 트인 전망을 제공하기 때문에 고양이에게만이 아니라 사람에게도 심미적 만족감을 주는 장점이 있습니다.

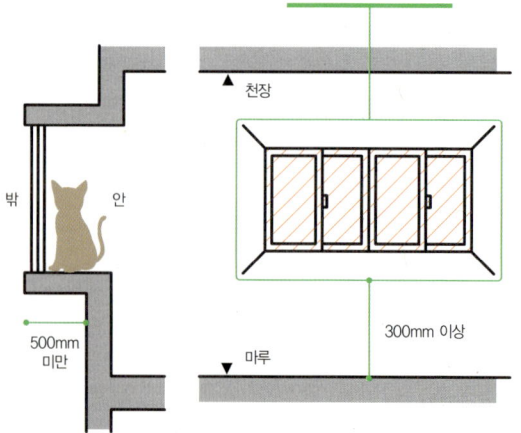

빗금친 부분(창)의 면적이 틀 내(베이 창) 면적의 2분의 1 이상이 되도록 한다.

위 왼쪽: 고양이가 작은 구멍을 통해 가족이 움직이는 모습을 구경하고 있다.

위 오른쪽: 경치나 볕이 다양해지도록 방향과 높이를 달리해 창을 설치한다.

아래: 베이 창의 깊이를 300mm 정도 확보하면 고양이가 밖을 내다볼 수도 있고 잠을 잘 수도 있어서 애용하는 장소가 된다.

| 커튼 · 블라인드 |

놀잇거리가 되지 않도록 설치하기

디자인과 편의를 위해 설치하지만,
고양이가 망가트리기 쉽고 고양이의 안전에도 위협이 될 수 있으니
설치의 지혜가 필요합니다.

커튼 박스나 레일은 고양이에게 매력적인 장소다. 그곳에 올라가려고 커튼을 타고 오르는 위험한 행동을 하기도 한다. 이를 방지하려면 커튼 박스나 레일을 천장에 바짝 붙여 설치하면 좋다.

높은 곳으로 오르기 위해 커튼을 이용하지 않도록 캣스텝을 설치하여 다른 쪽으로 유도한다.

고양이에게 유리창 주변은 매우 흥미진진한 곳입니다. 움직이는 것들에 민감하여 외부의 새나 사람들을 바라보길 좋아하기 때문입니다. 그뿐 아니라 늘어뜨린 커튼이나 블라인드도 흥미로운 물건이죠. 커튼은 묶어 정리하고, 블라인드의 조정 끈도 눈에 띄지 않게 정리합니다. 캣스텝이나 스크래처 기둥을 설치해 전망이 좋은 장소로 유도하면 커튼에 매달리는 등의 위험한 행동을 덜 수 있습니다.

커튼과 블라인드를 가지고 놀지 않게 한다

커튼 놀이

고양이가 커튼을 타고 오르려고 하는 것은 높은 곳에서 내려다볼 수 있는 커튼 박스로 가는 경로가 되기 때문입니다. 또 커튼을 타고 오를 때 움직임 자체가 매우 재미있기 때문이죠. 커튼이 고양이 발톱에 찢겨 너덜너덜해지는 불상사를 피하려면 근처에 캣스텝을 설치하여 동선을 유도하고, 커튼 박스를 천장에 바짝 붙여 고양이가 올라갈 생각을 하지 않게 합니다.

블라인드 놀이

목재 블라인드는 두께가 있기에 잘 휘어지지 않지만, 알루미늄 재질의 블라인드는 고양이가 밟고 올라가면 날개가 휘어 너덜너덜해집니다. 알루미늄 재질의 블라인드를 칠 때는 이중창 사이에 설치하거나 블라인드를 한 겹 막아줄 수 있는 복층 유리 섀시 등을 사용하면 좋습니다.

블라인드 끈 놀이

블라인드의 끈도 고양이가 아주 좋아하는 물건입니다. 그런데 가지고 놀다 보면 끈이 발에 엉키거나 목에 감기는 등 사고가 일어나기 쉽습니다. 특히 새끼 고양이가 사고를 당하기 쉬우므로 끈이 바닥 방향으로 늘어지지 않게 위쪽에 정리하는 것이 좋습니다.

방충망 놀이

방충망을 발톱으로 긁거나 타고 오르거나 해서 망가뜨리는 고양이도 많습니다. 스테인리스 등의 강한 소재로 된 방충망을 설치하거나 방충망 자체에 접근하지 못하게 할 대책이 필요합니다.

블라인드는 건드릴 수 없는 구조로 만든다

창가를 좋아하는 고양이에게 커튼이나 블라인드는 관심이 가는 장난감입니다. 처음부터 건드리지 못하는 구조로 만들 것을 권합니다. 오른쪽의 예에서는 알루미늄 소재의 블라인드 안쪽으로 목재 창호를 설치함으로써 고양이의 장난을 막고, 목재 창호의 인테리어성도 살렸습니다.

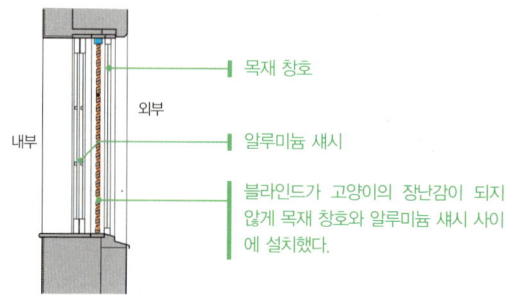

목재 창호
알루미늄 섀시
블라인드가 고양이의 장난감이 되지 않게 목재 창호와 알루미늄 섀시 사이에 설치했다.

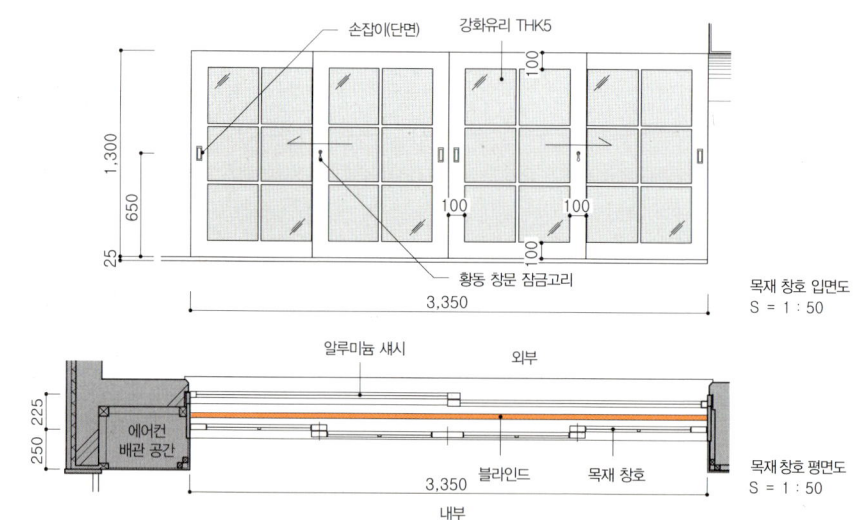

목재 창호 입면도
S = 1 : 50

목재 창호 평면도
S = 1 : 50

이중창의 창과 창 사이에 블라인드를 설치한 예. 안쪽 목재 창호에 잠금장치를 달면 더욱 안심할 수 있다.

커튼 대신 창호지를 사용할 때는 잘 찢어지지 않는 소재로 한다

커튼을 설치하면 고양이가 커튼을 가지고 놀아 금방 해지고 맙니다. 또 커튼에 달라붙은 고양이 털이 바람이 불 때마다 온 집안에 날려 위생상에 문제가 생기기도 합니다. 창호 문을 달면 털이 날리는 문제는 해결되는데, 종이이기 때문에 고양이가 가지고 놀다 바로 찢어질 가능성도 있습니다. 창호 문으로 하고 싶을 때는 일반 창호지가 아닌 강화 창호지 등 잘 찢어지지 않는 소재로 하는 것이 좋습니다.

커튼에는 털 등 알레르기 유발 인자가 달라붙기 쉬운데, 바람이 불거나 고양이가 장난치며 펄럭거릴 때마다 온 집 안으로 퍼진다.

창호 문은 고양이가 세게 부딪히거나 발톱으로 살짝 긁기만 해도 금세 찢어져 버린다. 이런 일이 한번 생기면 고양이는 장난감으로 인식해 계속 가지고 놀려고 하므로 가능한 한 찢어지지 않는 소재를 택한다.

공간 연출용 디자인 소재

강화 창호지 외에 밖의 시선은 차단하면서도 햇볕은 부드럽게 통과시키는 소재가 있습니다. 사진에서 보여주는 예는 'U보드(유나이트보드)'라고 하는 난연성 유리섬유 혼합지입니다. 골판지와 같은 구조를 가진 두꺼운 종이로 강도가 있어 간접 조명이나 칸막이, 장식 패널 등 빛과 그림자가 만드는 공간 연출에 사용됩니다.

U보드는 잘 찢어지지 않을 뿐만 아니라 창호지보다 단열도 잘된다는 장점이 있다.

전기설비 ①

콘센트나 전기 코드 관리하기

고양이가 콘센트 등 전기설비를 가지고 놀다가
중대한 사고를 일으키거나 부상을 당할 수도 있습니다.
고양이를 키울 때 신경 써서 안전 대책을 마련해야 합니다.

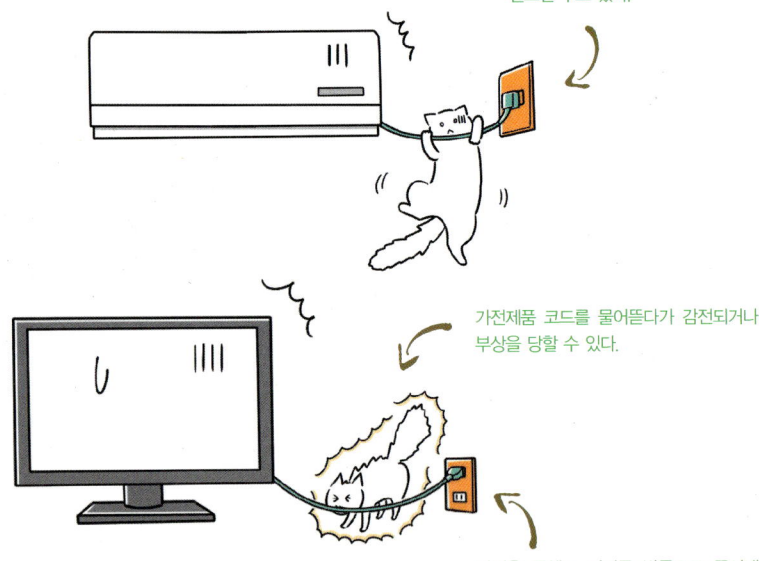

한여름에 에어컨 코드가 빠져버리면 실내 온도가 계속 높아져 열사병을 일으킬 수도 있다.

가전제품 코드를 물어뜯다가 감전되거나 부상을 당할 수 있다.

가전용 콘센트 커버를 발톱으로 뜯어내 망가뜨리는 경우도 있다.

고양이는 움직이는 물건이나 늘어져 있는 물건에 흥미를 가지기에, 콘센트나 전기 코드는 아주 좋은 장난감입니다. 가전제품이나 전기설비 등에 의한 사고는 치명적일 수 있으므로 사전에 막는 것이 최선입니다. 전기설비는 처음부터 고양이가 흥미를 가지지 못하게 해야 합니다. 보여주지도 말고 건드리지도 못하게 해서, 아예 존재를 알지 못하게 하는 것이 좋습니다.

콘센트에 스프레이 공격이 가해지지 않게 한다

고양이는 자신의 영역을 주장하기 위하여 스프레이 행위로 마킹을 합니다. 통상의 배설 행위와는 달리 오줌을 벽에 뿌리기 때문에 고양이의 키(고양이가 바닥에 네발을 디디고 섰을 때 발바닥부터 어깨까지의 높이)보다 높은 장소까지 닿습니다. 콘센트에 오줌이 닿으면 합선이 될 수도 있고, 심한 경우 화재가 발생할 수도 있습니다.

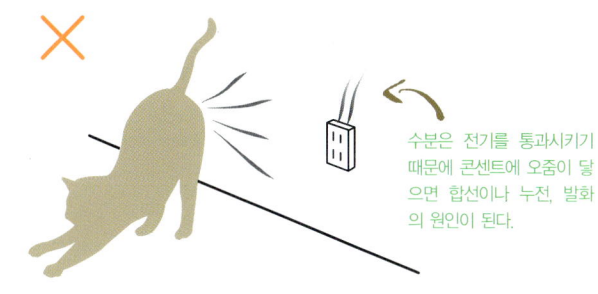

발정기를 겪기 전에 중성화 수술을 하면 스프레이 행위에 의한 마킹을 하지 않는 경우가 많다.

여러 마리를 기르거나 환경에 변화가 생긴 경우, 스트레스를 받기 쉬운 환경에서 스프레이 행위가 나타난다.

수분은 전기를 통과시키기 때문에 콘센트에 오줌이 닿으면 합선이나 누전, 발화의 원인이 된다.

콘센트를 바닥에 가깝게 설치하는 경우가 많은데, 스프레이 행위를 피하기 위해서는 바닥에서부터 적어도 500mm 이상의 높이에 설치합니다(고양이의 키가 300mm 정도인 경우). 또 벽 청소의 효율을 고려하여 고양이 키 위치까지의 벽은 물로 닦기 편한 소재를 선택하면 좋습니다.

550mm

고양이 화장실

일단 발정기를 맞은 수컷 고양이의 스프레이 행위는 멈추게 하기가 힘들다. 사진의 예에서는 바닥에서부터 550mm 높이에 콘센트를 설치했다. 벽지도 강화 코팅된 소재를 사용하여 청소 효율을 높였다.

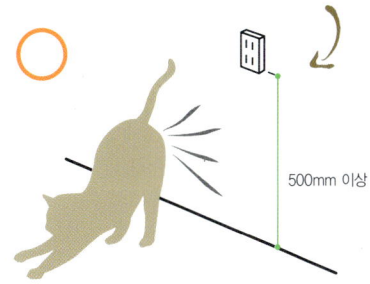

오줌을 피하기 위해 콘센트는 바닥에서부터 500mm 이상의 높이에 설치한다.

500mm 이상

전기설비 ①

에어컨이 놀이터나 쉬는 장소가 되지 않도록 신경 쓴다

고양이는 돌출된 장소로 뛰어오르는 습성이 있습니다. 더군다나 에어컨 위는 따뜻해서 고양이가 아주 좋아할 만한 장소입니다. 그런데 고양이가 올라갔을 때 무게를 견디지 못해 에어컨이 떨어질 수도 있고 고양이가 다칠 수도 있습니다.

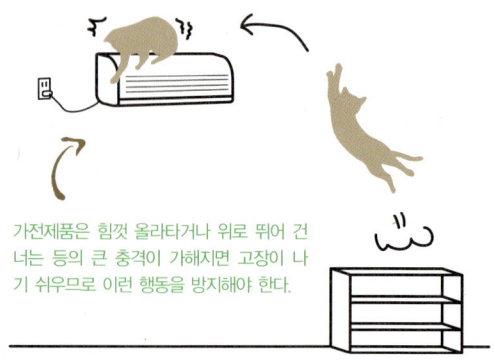

가전제품은 힘껏 올라타거나 위로 뛰어 건너는 등의 큰 충격이 가해지면 고장이 나기 쉬우므로 이런 행동을 방지해야 한다.

에어컨 위쪽에 캣스텝을 설치한다
물리적으로 에어컨 위로 올라가지 못하게 한다면 올라탈 걱정도 할 필요가 없겠죠. 그 한 가지 방법이 에어컨 위에 캣스텝을 설치하는 것입니다. 단 에어컨이 정상적으로 작동할 수 있도록 에어컨과 캣스텝 간에 30mm 이상의 간격을 두어야 합니다. 또 캣스텝 디딤판의 길이가 에어컨을 충분히 덮도록 길게 만듭니다.

에어컨을 피해 동선을 만든다
고양이는 높은 곳을 좋아해 언뜻 위험해 보이는 좁은 통로도 기어이 올라가려고 애를 씁니다. 그런 습성을 반대로 이용해 고양이를 유인할 장치를 만드는 것도 에어컨에서 관심을 돌리는 방법 중 하나입니다. 주변에 캣스텝을 만들되 에어컨을 피하는 경로로 유도하면, 고양이는 이들을 타고 오르느라 에어컨 본체에는 오르지 않게 됩니다.

> **Column**

'고양이 키우기'에 사물인터넷(IoT)을 활용하자

고양이가 아무리 혼자 잘 지낸다 해도 사랑스러운 고양이를 장시간 집에 두자면 걱정이 되기 마련이다. 특히 한여름이나 한겨울은 인간에게도 고양이에게도 지내기 어려운 계절이기 때문에 컨디션 관리에 주의해야 한다. 통신기술의 발달로 지금은 주택에 설치한 가전제품을 밖에서도 조작, 관리할 수 있다. 사물인터넷(IoT, Internet of Things)이라고 불리는 이 기술을 활용하면 집을 떠나 있을 때도 집에 있는 고양이의 상태를 확인하거나 상황에 맞추어 냉방기나 난방기를 조작할 수 있다. 고양이를 혼자 집에 두어도 훨씬 마음을 놓을 수 있게 된 것이다.

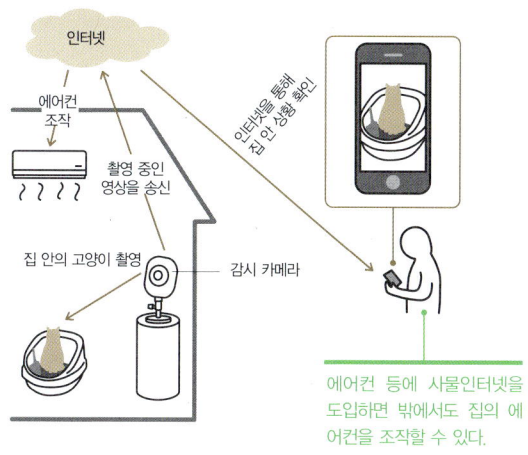

에어컨 등에 사물인터넷을 도입하면 밖에서도 집의 에어컨을 조작할 수 있다.

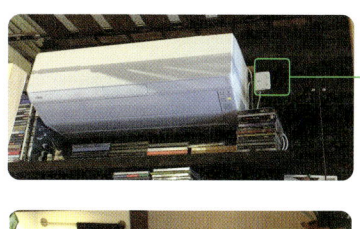

무선랜 접속 어댑터

에어컨 등에 사물인터넷을 적용하면, 에어컨이 정지 상태여도 밖에서 실내 온도를 확인할 수 있다. 실내 온도는 22~28℃의 범위 내로 바깥 온도와 큰 차이가 없게 설정한다(여름철에는 28℃, 겨울철에는 22~24℃ 정도가 기준).

감시 카메라

네트워크 카메라

고양이 화장실에 스마트 카메라를 설치하면, 화장실의 상태를 확인함으로써 밖에서도 고양이의 건강 상태를 체크할 수 있다.

전기설비 ②
전자기기는
고양이의 동선을 피해 설치하기

고양이가 느끼는 밝기나 색의 세계는 사람과는 다릅니다.
그 차이를 이해하고 전기설비를 배치합니다.

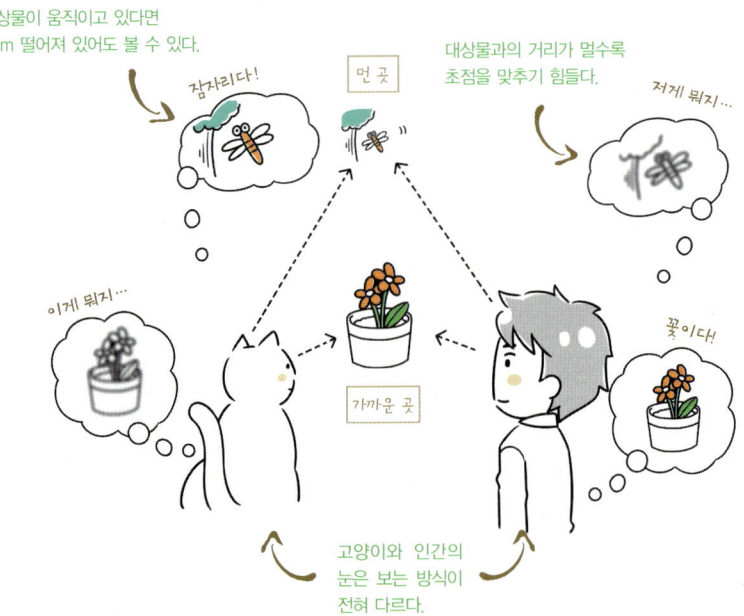

고양이의 시력은 인간에 비유하면 0.1~0.2 정도입니다. 정지된 사물은 75cm 정도 떨어지면 흐릿해지고, 10~20m 정도까지밖에 보지 못합니다. 단, 동체 시력은 다릅니다. 움직이는 물체라면 50m 떨어진 곳에 있어도 확실히 볼 수 있습니다. 이처럼 고양이 눈에 보이는 세계와 인간의 눈에 보이는 세계는 비슷하면서도 다르다는 점을 이해하는 것이 중요합니다. 조명이나 가전제품을 배치할 때는 이런 점을 충분히 고려해야 합니다.

조명설비와 캣워크는 거리를 둔다

조명기기는 열을 낸다. 화상을 방지하기 위해 고양이가 건드릴 수 없는 위치에 설치한다.

광원을 바로 옆에서 직시하면 눈이 부시다.

고양이는 인간보다 눈부심을 잘 견딥니다. 그렇다 해도 광원 바로 옆에 캣워크를 설치하는 것은 바람직하지 않습니다. 발열량이 적은 LED를 사용할 경우에도, LED 전구의 몸체가 열을 띠므로 고양이의 몸이 닿을 만한 위치에 조명을 설치해서는 안 됩니다.

조명은 거리와 방향에 주의하자

고양이가 눈부심을 느끼지 않고 화상을 입지 않게, 그리고 조명에 달라붙어 조명이 망가지는 일이 생기지 않도록 주의합니다. 사람과 고양이 모두 다칠 위험이 없도록 조명과 캣워크의 위치를 잘 살펴야 합니다. 광원이 어느 정도 떨어져 있다 해도 고양이의 눈을 향해 비추지 않게 합니다. 또한 천장 가까이에 설치한 다운라이트나 실링라이트, 천장에서 늘어뜨리는 펜던트라이트는 조명과 캣워크 간에 적절한 간격을 확보해야 합니다.

캣워크와 조명 간 거리를 50cm 띄워 고양이가 눈부심을 느끼지 않게 배려했다.

전기설비 ②

① 실링라이트의 경우

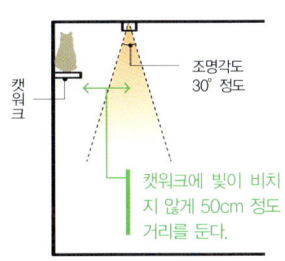

조명각도 30° 정도
캣워크에 빛이 비치지 않게 50cm 정도 거리를 둔다.

② 펜던트라이트의 경우

캣워크보다 조명이 높은 곳에 있는 경우

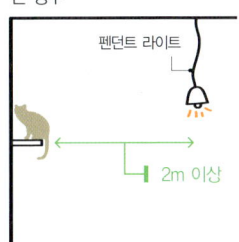

2m 이상

캣워크보다 조명의 위치가 낮은 경우

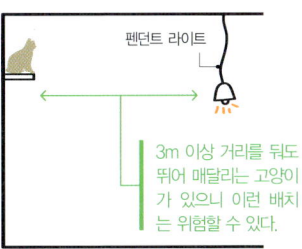

3m 이상 거리를 둬도 뛰어 매달리는 고양이가 있으니 이런 배치는 위험할 수 있다.

캣워크는 텔레비전과 거리를 띄워서 설치한다

벨기에 동물행동학자의 연구에 의하면 '적외선 열을 감지할 수 있고, 그 열을 싫어하는 고양이가 있다'고 합니다. 아직은 검증 단계이지만, 실제로 캣워크를 텔레비전 가까이에 설치했더니 고양이가 그 캣워크를 사용하지 않았다는 보고가 있습니다. 바로 리모컨 조작 때문인데요. 리모컨 조작이 많은 텔레비전 주위에는 캣워크를 설치하지 않는 것이 무난하다고 할 수 있습니다.

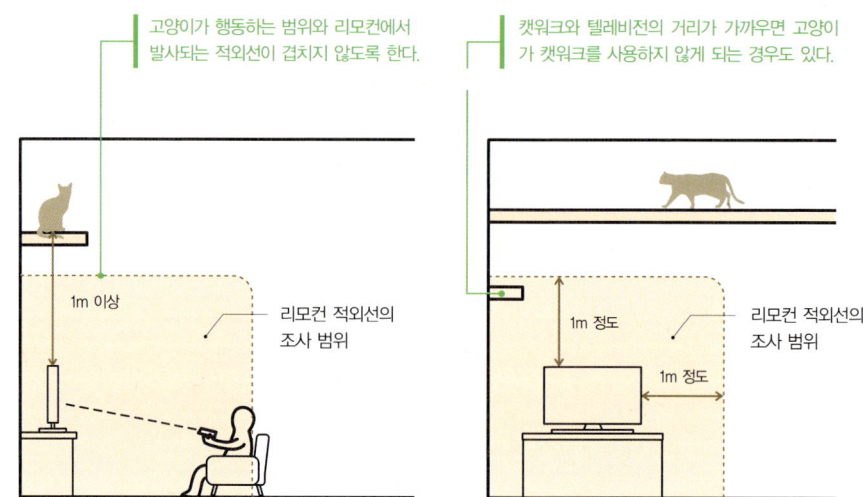

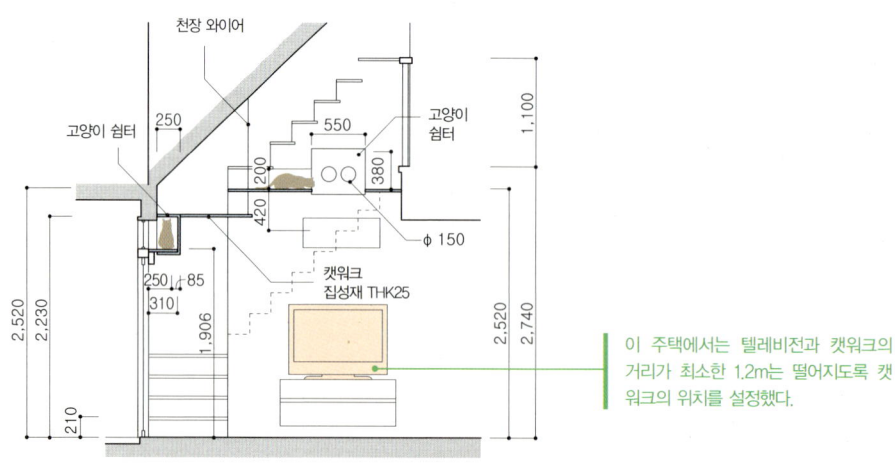

이 주택에서는 텔레비전과 캣워크의 거리가 최소한 1.2m는 떨어지도록 캣워크의 위치를 설정했다.

전개도 S = 1 : 80

Column 고양이 사진을 찍을 때 이것만은 주의하자!

고양이를 기르고 있다면 사랑스러운 고양이를 사진으로 담고 싶어질 것이다. 그러나 사진을 찍을 때 주의할 점이 있다. 예를 들어 어두운 곳에서 사진 촬영을 할 때 보통 플래시를 터뜨리는데, 고양이를 대상으로 할 때는 절대 엄금이다. 고양이의 눈 구조는 인간과 달리 최악의 경우 실명을 할 수도 있다. 안전에 주의하며 귀여운 사진을 찍자.

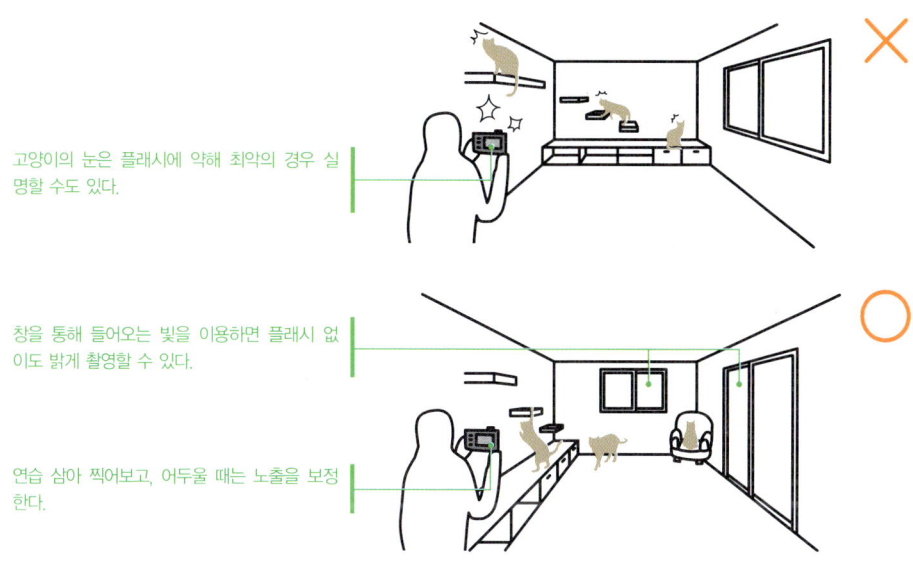

고양이의 눈은 플래시에 약해 최악의 경우 실명할 수도 있다.

창을 통해 들어오는 빛을 이용하면 플래시 없이도 밝게 촬영할 수 있다.

연습 삼아 찍어보고, 어두울 때는 노출을 보정한다.

고양이를 귀엽게 찍으려면 저녁 이후에

아침 ~ 낮

고양이답다
주위가 밝으면 동공을 열 필요가 없기 때문에 눈동자가 가늘어진다. 고양이다운 눈이다.

저녁 ~ 밤

귀엽다
주변이 어두워지면 적은 빛으로 주위를 보려고 하기 때문에 동공이 크게 열려 눈도 커진다.

고양이의 눈은 야행성 동물에 적합한 구조다. 동공은 아침부터 밤까지 조금씩 커지는 경향이 있다. 그러므로 고양이를 귀엽게 찍고 싶다면 저녁 이후가 좋다. 고양이다운 날카로운 눈을 좋아하는 사람이라면 낮에 찍자.

| 실내 공기 |

쾌적한 실내 공기 만들기

하루 대부분을 실내에서 생활하는 고양이의 건강과 면역에 실내 공기가 중요합니다.
사람과 고양이의 건강한 삶을 위해
주기적인 환기와 적정 온도 및 습도를 유지해야 합니다.

환기가 충분하지 못하면 집먼지나 습기로 세균이 번식하기 좋은 조건이 될 뿐 아니라, 고양이에 의한 알레르기 위험도 높아진다.

고양이는 털을 핥는 습성이 있어 털에 침이 묻는데, 이것이 마르면서 실내에 흩날려 알레르기 유발 원인이 될 수 있다.

환기를 충분히 하면 실내외의 온도에 극단적인 차이가 생기는 것도 방지할 수 있어 쾌적한 실내 환경을 만들 수 있다.

실내 공기 오염의 원인과 영향은 다양하지만, 미리 알고 대처하면 충분히 예방할 수 있습니다. 실내 공기 오염 물질을 제거하기 위한 최우선 방법은 환기입니다. 환기를 통해 외부 공기량을 증가시켜 오염물질의 농도를 낮추는 것이 가장 경제적이고 효과적입니다. 하지만 자연적 환기가 어려운 경우도 있으므로 사전에 마감재, 구조재 등의 건축 자재로부터 오염 물질이 발생하지 않도록 설계에 신경을 쓰거나, 기계적 환기를 통해 실내 공기가 오염되지 않도록 관리하는 것이 중요합니다.

1층 환기설비는 냄새 대책이 필수다

고양이의 후각은 인간의 후각보다 상당히 발달해 있어 가족이 외출에서 돌아왔을 때 풍기는 냄새나 손님의 냄새도 분간할 수 있습니다. 집고양이는 길고양이의 냄새에도 민감합니다. 집으로 들어오는 바깥 공기나 밖에서 돌아온 가족에게 묻은 다른 집고양이의 냄새에 스트레스를 받는 고양이도 있습니다. 스트레스를 줄이기 위해 냄새 제거 기능이 있는 공기청정기를 설치하거나 24시간 환기 시스템을 설치하는 방법이 있습니다.

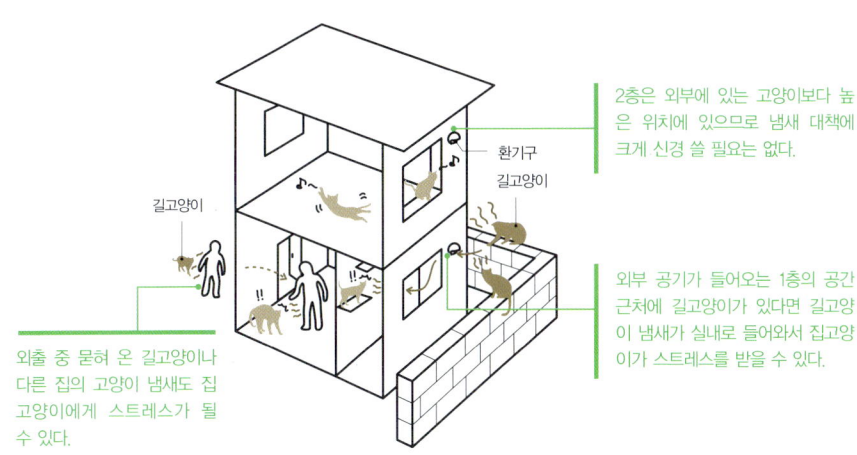

적정 실내 온도를 유지한다

고양이에게 쾌적한 실내 온도는 20~26℃입니다. 단, 온도 자체만 중요한 게 아닙니다. 방마다 온도 차이가 크지 않도록, 그리고 사람이 집에 있을 때와 없을 때 실내 온도가 급격히 변하지 않도록 배려하는 것도 그 못지않게 중요합니다.

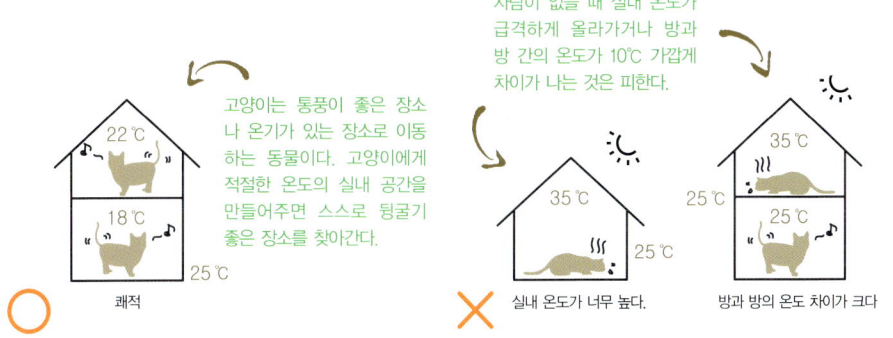

외벽과 벽체 내부, 실내 벽면의 단열에 신경을 쓴다

고양이와 함께 사는 집은 쾌적한 온도와 공기가 항상 유지되도록 지붕, 외벽, 벽체 내부, 실내 벽면의 단열과 통풍, 환기 설계에 더욱 신경 써야 합니다. 실내 공기가 순환되는 환기 설비를 설치하면 실내 공기를 지속적으로 정화하여 집안의 아늑함을 유지하는데 도움이 됩니다.

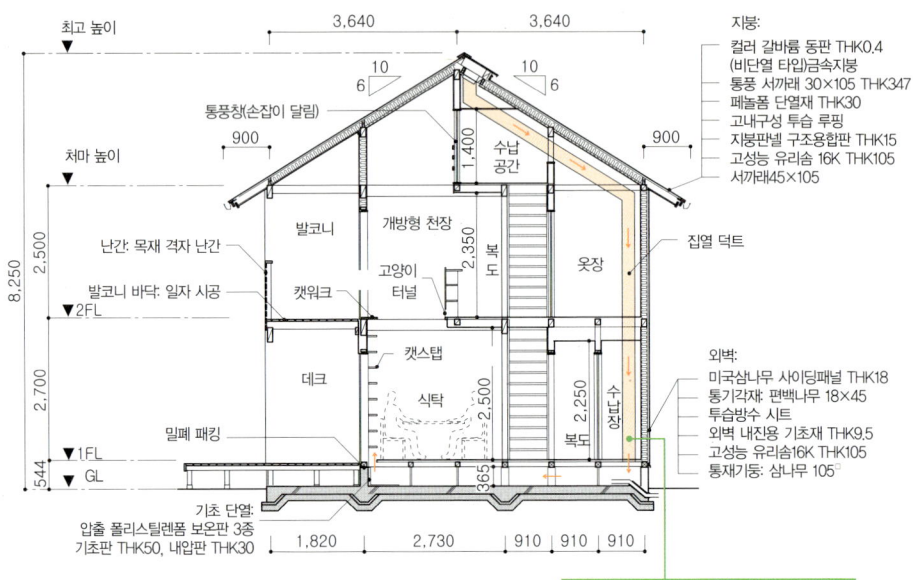

태양열이나 야간의 방사냉각 등 자연의 에너지를 이용한 공기집열식 솔라 시스템.

각 방에 통로를 설치하면 고양이가 쾌적한 온도의 방을 알아서 찾아가 느긋하게 지낸다.

실내 공기

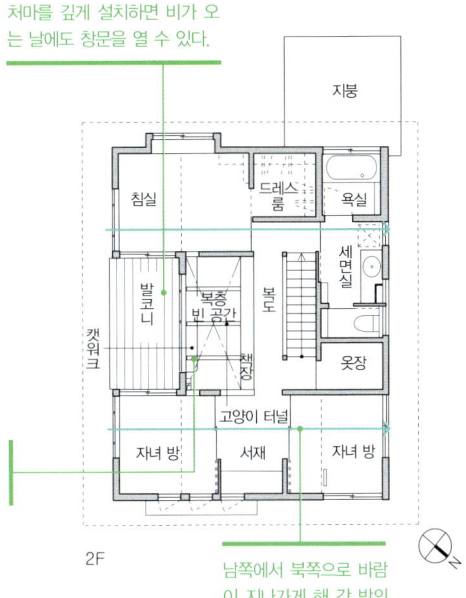

처마를 깊게 설치하면 비가 오는 날에도 창문을 열 수 있다.

복층 구조 등 천장이 높은 공간에 마련한 캣워크에는 1, 2층의 유리창을 통해 실내로 바람이 들어온다.

2F

남쪽에서 북쪽으로 바람이 지나가게 해 각 방의 온도 변화가 크지 않게 했다.

주방에 있는 돌출 창을 통해 바깥을 구경한다. 햇볕이나 실내 온도에 맞춰 고양이는 쾌적한 장소를 스스로 찾아간다.

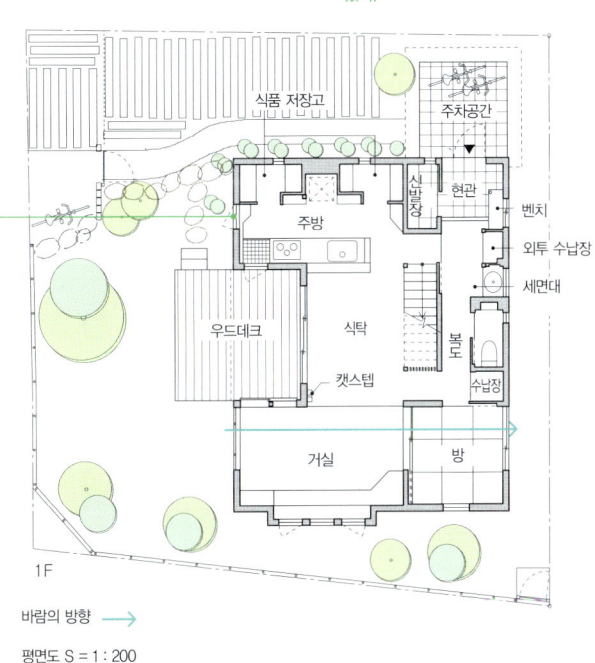

1F

바람의 방향 →

평면도 S = 1 : 200

073

바닥

고양이에게 적합한 바닥재 선택하기

바닥재는 기본적으로 그 집에서 사는 사람이 좋아하는 소재를 선택합니다.
다만, 대리석 등 너무 딱딱한 소재는 피하는 것이 좋습니다.

폴리카보네이트나 유리처럼 지나치게 매끄러운 소재는 고양이가 좋아하지 않는다.

타일

원목 마루

타일이나 원목 등 바닥재에 관해서는 강아지만큼 신경을 쓰지 않아도 문제없다.

닥스훈트와 같이 하반신이 약한 종의 강아지를 기를 때는 충격을 어느 정도 흡수해주는 바닥재를 사용해야 하지만, 강아지에 비해 고양이는 대리석과 같이 너무 딱딱한 소재가 아닌 한 크게 신경 쓸 필요가 없습니다. 다만, 고양이는 바닥이 미끄러운 것을 싫어하기 때문에 이런 소재는 사용하지 않는 것이 좋습니다. 이 점을 활용해, 고양이를 들이고 싶지 않은 장소에는 미끈거리는 소재를 사용하면 됩니다.

바닥재는 강도가 높은 것이 좋다

일단 바닥에 발톱이 걸리면 고양이는 그 소재에 신경이 쓰여 스크래치를 시작하게 됩니다. 원목 바닥재라면 신발을 신고 돌아다녀도 될 만큼 비교적 강도가 높은 것을 선택하면 좋습니다. 강도가 높은 원목 바닥이라면 내구성이 좋아 오래 쓸 수 있습니다. 기본적으로 사람이 맨발로 걸었을 때 기분이 좋은 것이 고양이에게도 좋습니다. 뒤틀림이 적은 호두나무 등을 추천합니다.

강화 원목 바닥 외에 강도가 높은 것으로 600mm 사각 타일을 사용한 예. 거칠지만 고양이에게는 발바닥이 아프지 않을 정도의 것을 사용했다.

〈고양이를 위한 바닥재 리스트〉 (O: 적절, △: 중간, ×: 부적절)

소재	기준	특징 및 주의점
딱딱한 원목 바닥	O	표면이 강화 처리된 것이나 보르네오 아이언우드 등 동남아시아산 원목 바닥. 발톱으로 찍은 상처 등은 잘 생기지 않으나 미끄러지기 쉬운 것이 많다. 점프 후 착지점에는 러그 등을 깔아두는 것이 좋다.
부드러운 원목 바닥	O	파인(소나무의 일종), 오동나무를 수직 접합한 원목 바닥 등은 자연스럽게 완충 작용을 해주고 따스한 감촉을 주지만, 부드러워 상처가 나기 쉽다. 시간이 지남에 따라 변화나 상처가 생기더라도 이를 멋이라고 생각하는 사람에게 적합하다. 점프 후 착지점에 발톱으로 인한 상처가 생기기 때문에 유지·보수가 필요하다.
왁싱 처리 또는 수지 코팅된 코르크	O	느낌이 따뜻하고 완충 작용도 뛰어나지만 도장을 하지 않으면 표면이 오염되기 쉽다. 왁스나 수지 처리를 하여 방수성 등 표면을 강화한 것을 고른다. 바닥과 접하는 면은 온도 변화가 적기 때문에 추천할 만하다. 두께는 5mm 이상이 좋다.
장판(쿠션플로어)	O	내수성, 완충성이 좋다. 이음새 부분이 적어 냄새나 오염에 강하고 비교적 저렴하다. 표면 강화 처리를 한 두께 2.5mm의 제품이 좋다. 두께가 얇은 것은 고양이 발톱에 찢기기 쉬우니 표면 가공 처리가 되어 있는 것을 택한다.
타일, 돌	O	타일은 원료에 따라 자기질, 도기질 등이 있고 디자인상으로도 선택의 폭이 넓다. 돌은 방수성이 좋은 화강암 등이 흔히 사용된다. 둘 다 표면의 마감에 따라 미끄러지기 쉬우므로 주의한다. 여름철이면 더위를 식히기 위해 고양이가 바닥을 뒹굴거리기도 한다.
데코타일	△	보행감과 내마모성이 뛰어나며, 디자인상으로도 선택의 폭이 넓다. 표면에 미끄럼 방지 기능이 있는 것을 고른다. 미끄럼 방지 마감이 된 제품이라면 문제가 없다. 부분적으로 러그를 사용하자.
카펫	×	탄력성이 있어 잘 미끄러지지 않고 고급스러운 느낌을 주지만, 고양이 털이 잘 달라붙고 고양이가 토했을 때 처리하기가 어렵다는 단점이 있다. 카펫의 파일(털) 모양에 따라서는 고양이의 발톱이 걸려서 사고가 나기도 하기 때문에 파일 모양에 주의할 필요가 있다. 발톱을 다치기 쉽다. 사이잘삼 같은 소재라면 어느 정도는 괜찮다.

난방은 온돌식이 좋다

고양이와 겨울을 나기 위해서는 온돌 방식 등 복사열을 이용한 난방설비를 하면 좋습니다. 팬히터 같은 대류식 난방은 털이 날리는 단점이 있고, 전기를 사용한 바닥 난방은 미량이긴 하지만 전자파가 나오거나 바닥 표면이 너무 뜨거워지는 것도 있어 위험할 수 있습니다. 온수식 난방이 가장 무난합니다.

〈온돌식 난방〉   〈팬히터식 난방〉

바닥재는 오염이 두드러지지 않는 제품을 고른다

고양이는 그루밍을 할 때 털이 입안으로 들어가기 때문에 가끔 토하기도 합니다. 그래서 토사물로 바닥이 더러워지는 경우도 있으니 주의해야 합니다. 원목 등 천연소재 바닥을 사용할 때는 오염이 두드러지지 않는 색상으로 선택하는 것이 좋습니다. 물기에 의해 얼룩이 지면 짙은 회색이 되기 때문에 회색 계열의 도장으로 시공하면 오염이 눈에 띄지 않습니다.

바닥은 회색 컬러 오일 코팅을 한 원목 마감재를 사용했다. 부분적으로 규조토 벽지를 사용하고, 냄새가 배지 않고 탈취성이 있는 소재나 내마모성을 가진 소재를 사용하는 등 고양이 발톱에 대한 대책이 잘 세워진 예다.

바닥 소재에 변화를 주면 체온 조절에 도움이 된다

고양이는 땀샘이 적기 때문에 체온이 너무 올라가면 스스로 시원한 장소로 이동해 몸을 식힙니다. 거실 모퉁이 등 고양이가 자유롭게 다니는 곳 바닥에 타일이나 돌 등의 소재를 사용하면 고양이가 체온을 조절하는 데 도움이 됩니다. 아래 도면 예에서는 부분적으로 화산석을 이용해 고양이의 생활공간으로 삼았습니다. 화산석은 비교적 부드러운 돌이기 때문에 고양이의 하체에 부담이 적으며, 원목 바닥과 같이 발톱에 할퀸 흔적이 남지 않는다는 장점도 있습니다.

바닥

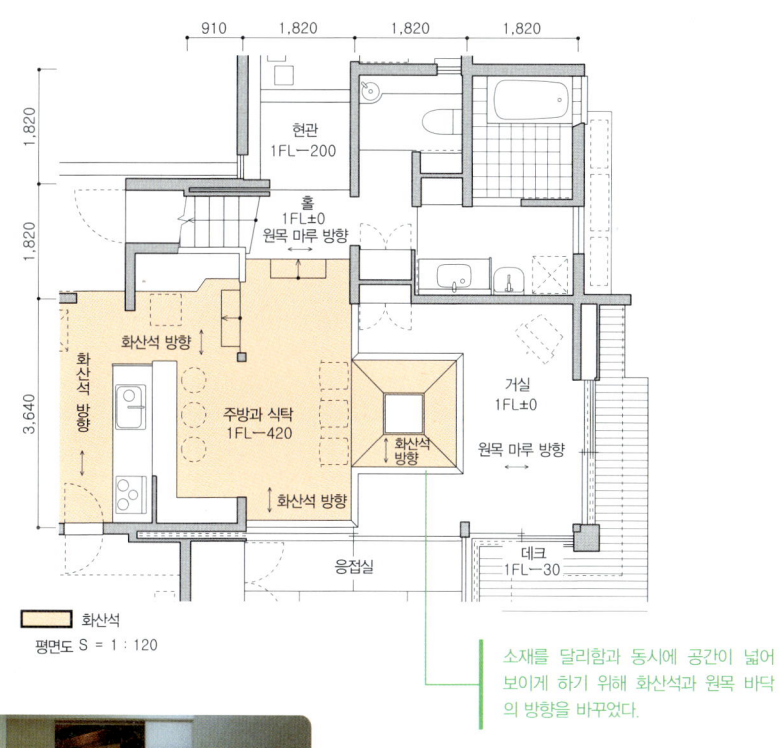

소재를 달리함과 동시에 공간이 넓어 보이게 하기 위해 화산석과 원목 바닥의 방향을 바꾸었다.

화산석 아래에 난방장치가 되어 있어 겨울철에는 따뜻하게 지낼 수 있다. 여름에도 겨울에도 항상 쾌적한 고양이의 생활 공간이 됐다.

| 벽

마킹 행위를 고려하여 소재 선택하기

벽은 스크래치나 스프레이 행위 등으로 상처가 나거나 오염되기 쉽습니다.
이 점을 고려하여 소재나 시공 방법을 선택합니다.

스프레이 행위 등으로 더러워지기 쉽다. 청소 효율이 높은 소재를 선택한다.

스크래치 때문에 마감재가 상할 수 있으니 보수도 염두에 두고 소재를 선택한다.

스크래치는 고양이의 마킹 행위 중 하나입니다. 또 다른 마킹 행위가 주로 수컷 어른 고양이에게서 나타나는 스프레이인데, 간혹 암컷이나 중성화 수술을 한 수컷에게도 나타납니다. 스크래치와 스프레이 행위 등을 고려해 벽 마감은 상처가 잘 생기지 않는 것, 상처가 나도 간단히 보수할 수 있는 것, 청소하기 쉬운 것을 선택합니다.

인체와 동물에 해롭지 않은 친환경 벽지를 고려한다

합성수지로 되어 있는 벽지 제품뿐만 아니라 벽지의 인쇄 잉크, 광택제 등에 쓰인 합성 화학 물질, 도배하는데 쓰이는 합성품에서 나오는 휘발성유기화합물(VOC)이나 포름알데히드(HCHO)등은 인체에 유해한 물질입니다. 유해 물질이 실내에 쌓이게 되면 두통, 현기증, 피부염, 알레르기, 설사, 구토, 기관지염, 불면증에 시달릴 가능성이 높고, 심한 경우 천식을 유발할 수도 있습니다. 이를 방지하기 위해서는 친환경 소재를 선택하는 것이 좋습니다. 친환경 벽지는 종이, 식물 줄기, 코르크 등의 천연 소재를 특수 처리하여 제조한 벽지입니다. 탈취, 원적외선, 항균 등의 기능을 강화한 제품들도 있습니다.

종류	특징
지사(Paper weaves) 벽지	'지사'는 종이 실을 말하고, 종이 실을 연사(Twisting)하여 지사 직물을 짠 후 벽지 원지에 접착하여 만든 벽지이다. 실내 온도와 습도 조절이 가능하고 방음 기능으로 소리가 울리지 않는 장점이 있다.
초경(Grass clothes) 벽지	칡, 대나무, 사이잘, 갈대, 부들 등의 식물 줄기나 껍질을 채취, 가공하여 직조한 후 원지에 접착하여 만든 벽지이다. 천연 재료의 자연스러운 색상과 외관이 표현되고, 통기성, 흡습, 보온, 흡음 등의 기능성이 있다.
코르크(Cork) 벽지	코르크 참나무(Quercus suber)의 껍질을 압축 건조 지켜 벽지 원지에 접착하여 만든 벽지이다. 촉감이 부드럽고 흡음, 흡습, 보온, 항균, 탈취 효과가 있다.
규조토 벽지	벽지 원지 위에 규조토를 분사한 벽지이다. 규조토를 그대로 바르는 것보다 효과는 조금 떨어지지만 천연 소재의 규조토 벽지는 조습 효과가 우수하여 곰팡이, 결로 방지 및 탈취 효과가 있다.
종이(합지) 벽지	두 장의 종이를 접착제로 접착한 뒤 인쇄 및 엠보싱으로 무늬를 넣은 벽지이다. 친환경 벽지 중 가격이 상대적으로 저렴하다.

*친환경 벽지를 만들기 위해서는 수성 잉크, 무독성 수성 접착제를 사용하여야 한다.

벽지를 바를 때 스크래치에 대비해야 한다

벽의 하단 부분은 보수를 고려하여 시공한다

벽을 벽지로 마감할 때는 상처가 눈에 잘 띄지 않고 상처에 강한 것을 고릅니다. 바닥에서부터 900mm 정도까지를 자기 타일 또는 천연석 소재의 징두리널* 로 하거나 벽지를 상하로 나누어 바르면 유지·보수 가 쉽습니다.

* '허리 높이에 댄 널'이라는 뜻으로, 바닥에서부터 허리 높이 정도까지 별 도로 붙이는 벽을 의미. 벽 패널이라고도 함

징두리널을 붙여두면 스크래치 등으로 너덜너덜해져도 그 부분만 보수하면 되니 간편하다.

벽지의 폭이 900mm이기 때문에 수직 바르기를 하면 900mm마다 이음매가 생긴다. 그러므로 수직 바르기는 허리 높이 이상에서 한다.

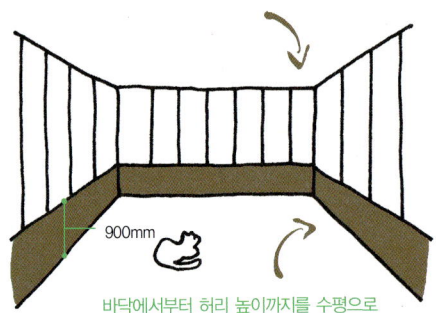

바닥에서부터 허리 높이까지를 수평으로 바르면 이곳에서는 이음매가 생기지 않는다.

고양이 장난을 피하는 수평 바르기

벽지는 수직으로 바르는 것이 일반적이지만, 폭마다 생기는 이음매 부분을 발톱으로 뜯으려 는 고양이도 있습니다. 이를 피하려면 바닥에 서부터 허리 높이까지 수평으로 바르세요. 이 음매가 생기지 않아 고양이의 장난을 방지할 수 있습니다.

인테리어 필름지로 부분 시공도 가능하다

오염이 생겼을 때 간단히 닦아 낼 수 있도록 표면 강화 처리가 되어 있는 인테리어 필름지를 붙이는 방법도 있습니다. 인테리어 필름지는 초기 접착력 이 약해 붙이기 편하고 시간이 지나면서 접착력이 강해져 잘 떨어지지 않습니다. 다양한 컬러뿐만 아니라 우드, 패브릭, 콘크리트, 가죽, 메탈 등 소 재를 모티브로 디자인된 제품도 있으며, 화재에 대 비한 방염처리 가공이 되어 있는 것도 있습니다.

※ 환경이 불안하거나 스트레스를 받았을 때는 과도하게 스크래치를 하는 경향이 있다. 이때에는 수의사와 상담을.

소재의 기능성을 살린 벽 마감

이 주택은 벽의 위아래를 달리 마감함과 동시에 바닥에서부터 허리 높이까지는 강도가 높은 징두리널로 마감해 상처가 잘 나지 않게 했습니다. 허리부터 윗부분은 습도 조절과 탈취에 효과가 있는 규조토 벽지로 마감했습니다.

벽

벽:
벽지 마감
석고보드 THK12.5
락울 THK75

폴리스틸렌폼
2종b THK100

천장:
석고보드 THK9.5,
규조토벽지 마감

최대 CH = 4,571

거실

벽:
규조토벽지
석고보드 THK12.5
락울 THK75

몰딩은 운삼나무 소재의 오일스텐 마감재를 석고보드에 끼우는 방식으로 마감했다.
S = 1 : 3

벽 하단의 징두리널 높이는 고양이가 일어서더라도 발톱이 규조토 벽지에 닿지 않도록 894mm로 했다.

바닥:
파인재 원목 THK 15
석고보드 THK12.5(일부 온돌패널)
구조용 합판 THK12
장선 45×55(폴리스틸렌폼3종b THK20)

거실 단면도 S = 1 : 80

벽지를 나누어 바를 경우, 상하 색을 달리하고 몰딩을 넣으면 선이 일정해져 깔끔해 보인다. 하부의 색은 오염이 두드러지지 않게 회색으로 했다.

| 문 |

문 손잡이와 캣도어 설치하기

고양이는 앞발을 상하좌우로 움직여 문을 엽니다.
이 점을 전제로 문의 사양을 생각해봅시다.

틈으로 머리를 디밀어 틈을 벌린다.

레버 핸들에 앞발을 걸어 문을 연다.

몸의 무게로 문을 밀면서 열고 들어간다.

고양이는 밀어서 열게 되어 있는 문은 레버 핸들에 앞발을 걸어 능숙하게 열어버립니다. 그러므로 고양이의 출입을 허용하고 싶지 않은 공간이라면 보조키 등의 잠금장치를 달거나 복수의 조작이 필요한 손잡이를 다는 것이 좋습니다. 문 아래쪽에 약간 틈이 있는 구조라면 문을 열 때 밖에 있는 고양이의 앞발이 낄 수 있습니다. 이때는 작은 유리문을 달면 문 바로 앞에 고양이가 있는지 없는지를 확인하고 문을 열 수 있습니다.

문의 열리는 방향과 손잡이 모양이 중요하다

미닫이문도 열 수 있다

고양이는 옆으로 밀어서 여는 문도 열 수 있습니다. 앞발의 발톱을 문에 걸어 문을 민 뒤, 틈이 조금 생기면 머리를 디밀면서 안으로 들어갑니다. 비교적 가벼운 문이라면 간단히 열고 들어가 버립니다. 그러므로 고양이가 들어가서는 안 되는 방에 문을 설치할 때는 여닫이든 미닫이든 잠금장치를 다는 것이 좋습니다.

당겨서 여는 방향은 열기 힘들다

여닫이문 중 밀어서 여는 방향이라면 고양이는 손잡이와 문에 체중을 싣는 것만으로 간단히 열어버립니다. 반면 당겨서 여는 방향은 열기 힘듭니다. 손잡이를 앞쪽으로 당기는 조작이 더해져야 하기 때문입니다.

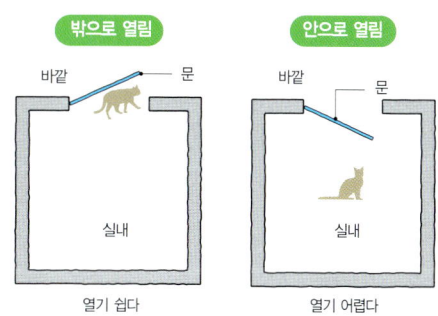

손잡이는 원형이나 푸시풀 방식으로 한다

고양이가 열어서는 안 되는 문은 약간 복잡한 조작을 해야 열리는 손잡이를 달면 좋습니다. 예를 들어 원형 손잡이는 쥐어서 돌려야 하므로 고양이에게는 조작이 어렵습니다. 푸시풀은 들어갈 때는 손잡이를 밀고, 나갈 때는 손잡이를 당기는 방식이기 때문에 역시 조작이 어렵습니다.

고양이의 기척을 알 수 있게 창을 설치한다

미닫이문에는 캣도어(고양이 전용 문)를 설치하지 않는다

고양이가 다니는 통로, 즉 '캣도어'를 미닫이문에 설치하는 것은 피해야 합니다. 사람이 문을 밀 때 때마침 고양이가 캣도어를 통과하려는 중이라면 낄 수도 있기 때문입니다. 여닫이문에 설치할 경우에도 유리 등을 넣어 문 건너편의 기척을 알 수 있게 해야 합니다. 캣도어에 의한 사고를 피하려면 문 옆의 벽에 설치하는 것이 좋습니다.

유리 부분이 없어 건너편이 전혀 보이지 않는 미닫이문의 경우, 고양이가 통과하려는 것을 알아채지 못하고 사람이 문을 열 위험이 있다. 자칫 잘못하면 고양이가 크게 다칠 수도 있다.

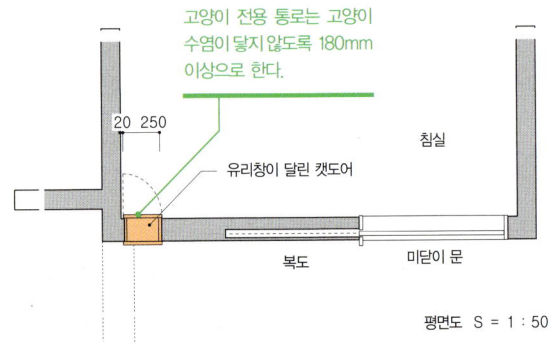

벽에 캣도어를 설치할 때

캣도어는 바닥에 딱 맞춰 설치하지 않아도 됩니다. 바닥에서부터 100mm 이내의 높이에 설치하기만 하면 대부분 고양이가 수월하게 드나들 수 있습니다. 폭이 180mm 이상이면 되고, 높이가 고양이의 키(약 280mm)를 넘으면 좋습니다.

문에 캣도어를 설치할 때

캣도어는 부드러운 폴리카보네이트 등의 연질계 소재를 사용하고, 문 건너편의 기척을 알 수 있게 반투명으로 마감합니다.

캣스텝과 연결하면 높은 곳에도 캣도어를 설치할 수 있다

캣도어로 방들을 연결하면 고양이의 행동 영역을 제한할 수 있습니다. 고양이 그룹별로 방을 나누었을 때나 침실에 고양이를 들이고 싶지는 않지만 기척은 느끼고 싶을 때, 유리문 등으로 된 캣도어를 높은 위치에 설치하면 좋습니다. 잠금장치를 달아두면 고양이가 옆방에서 이쪽 상황을 볼 수는 있지만 방으로 들어오지는 못하게 할 수 있습니다.

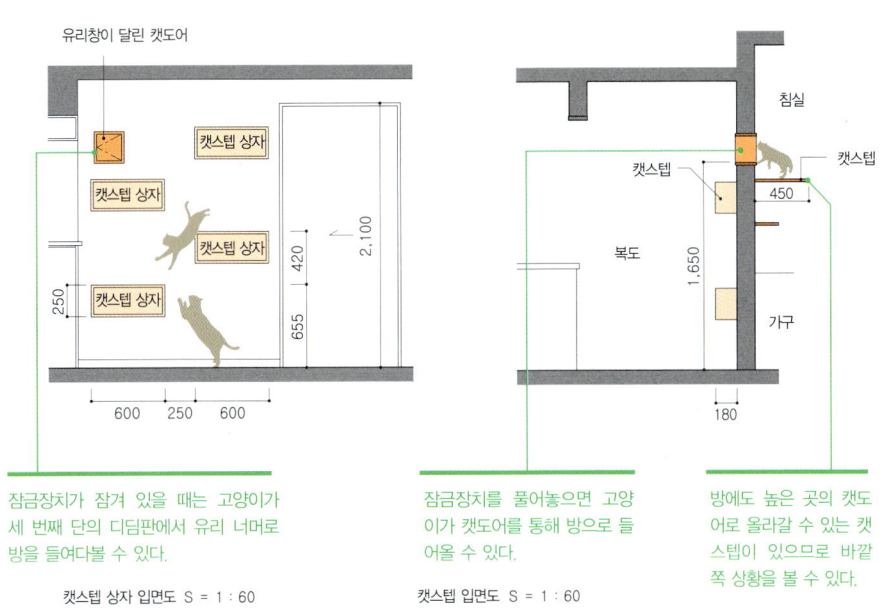

잠금장치가 잠겨 있을 때는 고양이가 세 번째 단의 디딤판에서 유리 너머로 방을 들여다볼 수 있다.

캣스텝 상자 입면도 S = 1 : 60

잠금장치를 풀어놓으면 고양이가 캣도어를 통해 방으로 들어올 수 있다.

캣스텝 입면도 S = 1 : 60

방에도 높은 곳의 캣도어로 올라갈 수 있는 캣스텝이 있으므로 바깥쪽 상황을 볼 수 있다.

캣스텝 상자와 캣도어. 방에 있는 고양이가 캣도어로 바깥쪽을 볼 수 있다.

> **방음**
>
> # 소음을 막는 설비 갖추기
>
> 고양이는 귀가 밝기 때문에 소리나 소음에 스트레스를 받기 쉽습니다.
> 그와 동시에 울음소리나 발소리 등
> 실내의 소음이 밖으로 나가지 않게 할 대책도 필요합니다.

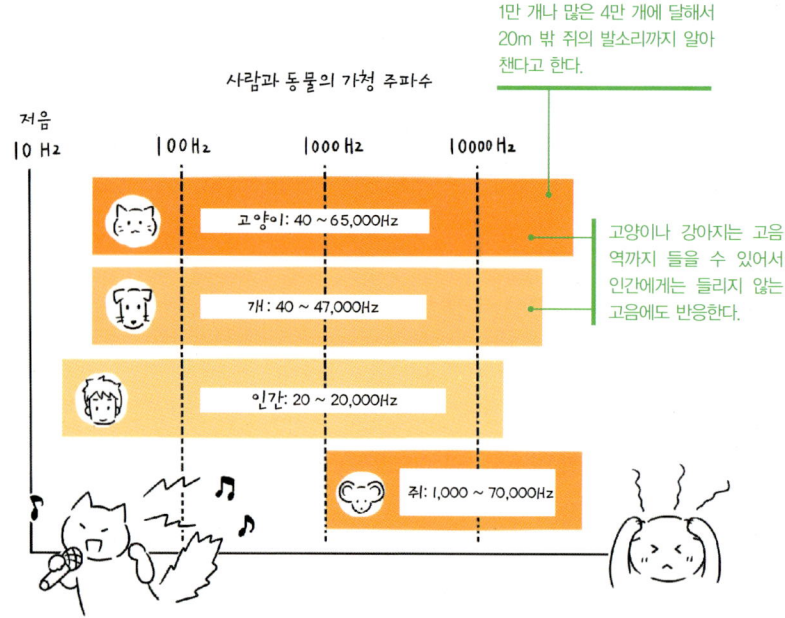

고양이는 약 40Hz부터 6만 5,000Hz의 주파수까지 들을 수 있다고 합니다. 그것이 스트레스가 되기도 하므로, 건물을 지을 때는 방음 대책 등도 계획해야 합니다. 또한 고양이는 낮보다 밤에 움직임이 더 활발해집니다. 야간에는 외부 소음이 줄어들어 실내의 작은 소리도 잘 들리기 때문에 아파트 등에서는 고양이 발소리와 울음소리에 대해서도 방음 대책이 필요합니다.

외부 소음을 막아준다

고양이는 소리에 민감하므로 자동차 소리, 공사하는 소리 등 주기적으로 들리는 시끄러운 외부 소음이나 발정기 길고양이 울음소리에 스트레스를 받을 수 있습니다. 소음이 나는 방향에 문이나 환기구가 설치되어 있다면 외부의 소리가 가능한 한 실내로 들어오지 않도록 덕트식으로 하고 방음형 환기 팬 후드를 사용하는 등의 대책을 세워야 합니다.

방음형 환기 팬 후드는 실내의 소리가 외부로 나가거나 외부의 소음이 들어오기 어렵게 해준다.

계단 아래에 고양이용 공간을 만들 때

구석진 곳을 좋아하는 고양이에게 계단 아래 공간은 고양이 화장실이나 휴식 공간으로 사용하기 좋은 곳입니다. 계단 아래 같은 자투리 공간을 잘 사용하면 전체 공간의 효율성이 높아지지만, 계단을 오르내리는 발소리가 크게 들리면 고양이에게 소용없는 공간이 되어 버립니다.

계단에 방음 매트를 까는 것이 한 가지 방법이다. 오래 사용해 오염이 심해지면 교체하면 된다. 또 계단 바로 아래에 장식장을 설치하고 그 아래를 고양이 휴식 공간으로 만드는 것도 좋은 방법이다. 소음이 직접 전달되지 않아 고양이가 느긋하게 쉴 수 있다.

바닥 마감으로 방음 효과를 높이려면

집 밖의 소리로 고양이가 스트레스를 받지 않게 하고, 집고양이의 소음으로 이웃에 피해를 주고 싶지 않다면 방음 대책에 특히 신경 써야 합니다. 딱딱한 원목 바닥이나 도장 등으로 마감한 재질은 소리를 잘 흡수하지 못해 반사음이 큽니다. 따라서 어느 정도 쿠션이 있는 장판 등의 바닥재를 사용하는 것이 좋습니다. 여기에 방음·흡음성이 좋은 규조토 등의 마감재를 사용하면 반사음을 많이 줄일 수 있습니다.

특수 방음 벽지

내·외부 소음을 동시에 차단하고 겨울철에는 내부 보온 효과, 여름철에는 외부 열에 대한 단열 효과가 있다.

카펫 바닥재

바닥을 카펫 소재로 시공하면 높은 흡음성으로 소리의 울림이 적고, 충격을 흡수하는 장점이 있다. 하지만 얼룩과 이물질 제거 등의 관리 대책이 필요하다.

타일 카펫

고양이가 다니는 동선을 따라 부분적으로 타일 카펫을 까는 방법도 있다. 카펫 뒷면은 고무로 되어 있어 바닥에 붙이지 않아도 되고, 오염이 생긴 부분만 따로 세척이 가능하다.

캣워크에도 방음 대책이 필요하다

고양이들은 놀다가 너무 흥분하면 엄청나게 소란스러워지기도 합니다. 이런 소리를 줄이기 위해서는 캣워크를 배치할 때 직선으로만 달리지 않고 움직이는 방향을 종종 바꾸도록 하거나 아예 멈추게끔 공간을 설계하면 좋습니다. 계단 역시 속도를 내기 어렵도록 방향을 바꾸어 오르내리게 하거나 박스를 건너서 이동하게끔 설계합니다.

층계참에서는 몸의 방향을 바꾸어야 하므로 속도를 줄이게 된다.

디딤판을 하나씩 뛰어 이동하기 때문에 천천히 움직이게 돼 소리가 줄어든다.

Part 2

고양이가 마음 놓고 놀 수 있는 공간 만들기

| 캣워크 ① |

고양이 습성과 안전을 고려하여 설치하기

높은 위치에 설치된 캣워크는
갑작스러운 사고로 고양이가 떨어지는 일이 없도록
안전 대책을 필수적으로 마련해야 합니다.

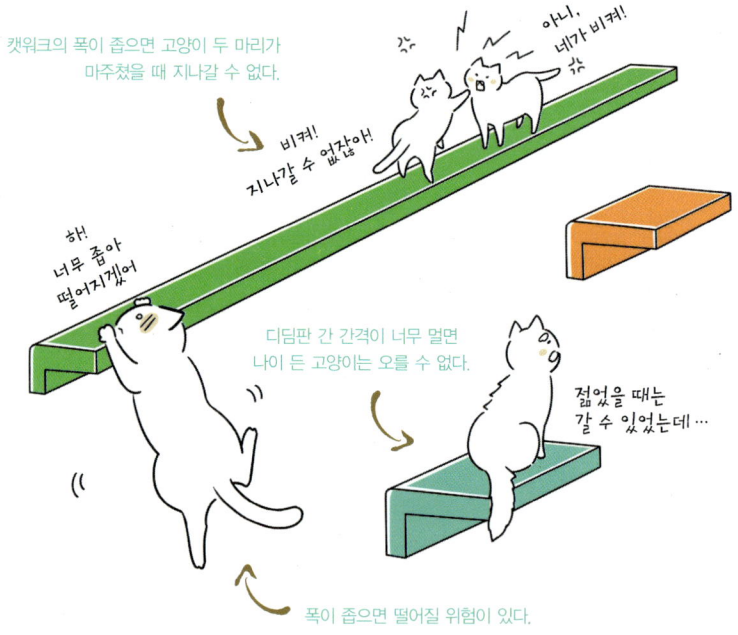

캣워크는 고양이의 건강과 행복한 삶이라는 관점에서 설계해야 합니다. 고양이의 습성과 행태를 고려하여 배치하지 않으면 기껏 공들여 만든 캣워크가 고양이에게 위험한 곳이 될 수도 있다는 점도 생각해야 합니다. 캣워크에서 무엇보다 중요한 것은 고양이가 안전하게 사용할 수 있어야 하고, 사람이 안심할 수 있어야 한다는 점입니다.

가속을 방지하기 위해 방향 전환점을 둔다

캣워크의 직선 거리가 길면 고양이가 전력질주하기 쉽습니다. 지나치게 흥분하게 되고 낙하 위험도 높아지기 때문에 적당히 전환점을 배치해 전력질주를 억제할 필요가 있습니다. 캣워크의 직선 거리는 최대 3m 이하로 하는 것이 바람직합니다. 또한 뒤에서 소개하는 '고양이 쉼터'도 질주를 억제해 주므로 함께 배치하면 더욱 효과적입니다.

캣워크에 방향 전환점을 설정할 때는 고양이가 방향을 90° 바꾸도록 하는 것이 좋다. 각도가 더 크면 속도를 줄이는 효과가 나지 않는다.

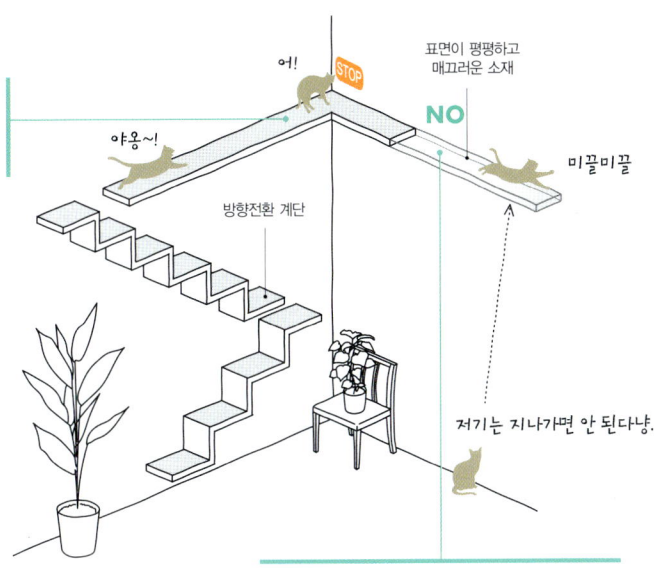

고양이는 전력질주할 때 발톱을 세우는 습성이 있기 때문에 유리나 아크릴 등 표면이 평평하고 매끄러운 소재에서는 미끄러지거나 넘어지기 쉽다. 따라서 캣워크에는 이런 소재를 사용하지 않는 것이 좋다. 특히 유리는 깨지면 대단히 위험하기 때문에 캣워크에는 절대 사용하지 말기를 권한다.

캣워크뿐만 아니라 캣스텝도 방향을 전환할 지점을 만들자.
사진의 캣스텝은 완만한 경사의 계단 중간 지점에 반환점을 두었다.

캣워크는 폭을 충분히 넓게 만든다

두 마리의 고양이가 캣워크 위에서 마주쳤을 때, 폭이 좁으면 힘이 약한 고양이가 양보해야만 합니다. 이때 뒷걸음질을 치다가 발이 미끄러져 떨어질 위험도 있습니다. 따라서 캣워크의 폭은 두 마리가 충분히 엇갈려 갈 수 있도록 넓어야 합니다. 또한 캣워크 양 끝에는 오르내릴 수 있는 캣스텝이나 옆길을 만들어두는 것이 좋습니다. 그러면 사이가 좋지 않은 고양이들이 서로 마주쳐도 약한 고양이가 당황하지 않고 안전하게 내려올 수 있습니다.

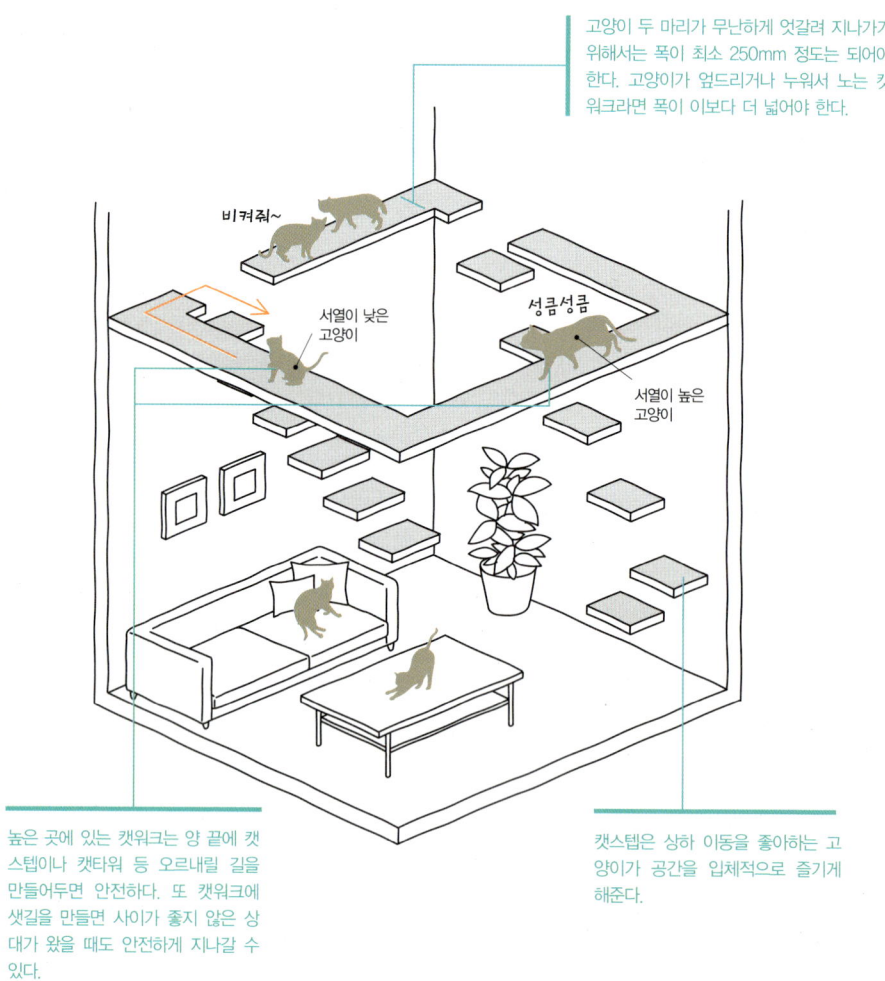

고양이 두 마리가 무난하게 엇갈려 지나가기 위해서는 폭이 최소 250mm 정도는 되어야 한다. 고양이가 엎드리거나 누워서 노는 캣워크라면 폭이 이보다 더 넓어야 한다.

높은 곳에 있는 캣워크는 양 끝에 캣스텝이나 캣타워 등 오르내릴 길을 만들어두면 안전하다. 또 캣워크에 샛길을 만들면 사이가 좋지 않은 상대가 왔을 때도 안전하게 지나갈 수 있다.

캣스텝은 상하 이동을 좋아하는 고양이가 공간을 입체적으로 즐기게 해준다.

나이든 고양이도 오르내릴 수 있도록 간격을 조절한다

캣스텝의 각 디딤판 간격은 고양이의 운동 능력을 고려하여 설정하는 것이 바람직합니다. 당연한 얘기지만, 고양이 역시 나이가 들수록 운동 능력이 떨어집니다. 11세 이상의 나이 든 고양이는 운동 능력이 현저하게 저하됨과 동시에, 예전에는 올라갈 수 있었던 장소에 올라갈 수 없다는 데 스트레스를 느낍니다. 특히 젊고 건강한 고양이와 함께 생활하는 나이 든 고양이는 놀이 중에 발을 헛디딜 위험도 있습니다. 그러므로 나이 든 고양이도 올라가고 내려갈 수 있는 높이의 캣스텝을 설치하는 것이 좋습니다.

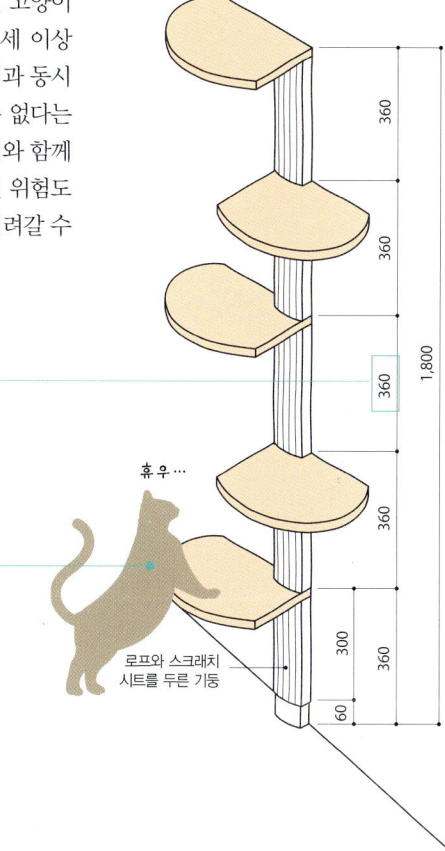

이런 모양의 캣스텝일 때, 젊은 고양이라면 디딤판 간 간격이 500~600mm여도 문제없다. 하지만 나이 든 고양이를 배려하여 350~380mm로 설정하면 좋다.

나이 든 고양이만이 아니라 살찐 고양이가 있을 때도 캣스텝 디딤판 간격을 좁게 설정할 필요가 있다.

휴우…

로프와 스크래치 시트를 두른 기둥

고양이가 마음 놓고 쾌적하게 쉴 만한 곳은 높은 위치인 경우가 많다. 나이 든 고양이 역시 환경의 변화에 불안을 느끼기 쉬우므로 이들을 위해서도 높은 곳에 쉴 자리를 마련해주자.

다양한 동작이 가능하도록 설계한다

캣워크와 캣스텝 등 고양이가 운동할 수 있는 설비를 만들 때는 디딤판 높이를 일정하게 하는 것보다 다양하게 움직일 수 있도록 배치하는 것이 좋습니다. 이렇게 하면 고양이가 싫증 내지 않을 뿐 아니라 몸 전체를 사용할 수 있으므로 더욱 건강하게 지낼 수 있습니다. 다음의 네 가지 동작이 유발되게 캣워크와 캣스텝을 만들면 좋습니다.

① 간격이 좁은 디딤판을 총총거리며 오르내리는 동작

위아래 디딤판 간 간격이 100~150mm 정도 되도록 몇 개를 연결하면 네 다리를 미세하게 움직이게 된다.

다리를 총총거리며 바쁘게 움직인다.

② 조금 떨어진 위치를 향해 수평으로 점프하는 동작

약간 거리가 있는 디딤판으로 이동하는 큰 동작. 이것이 몇 개 연속되어 있으면 더욱 좋다.

아래쪽 디딤판을 향해 내려오는 큰 동작이다.

③ 조금 높은 위치를 향해 수직으로 점프하는 동작

350mm 정도의 간격을 거의 수직으로 오르내리는 동작으로, 다음 디딤판으로 점프하기 전에 약간 힘을 가한다.

조금 주저하면서도 리듬감 있게 오르내린다.

④ 간격이 큰 계단을 재빨리 오르내리는 동작

사람이 사용하는 계단과 같이 간격이 250mm 정도인 계단을 오르내리면 등이 최대한 늘어난다.

어느 정도의 직선 거리를 일시에 오르내린다.

앞에서 설명한 ①~④의 움직임을 도입해 집 안을 빙글빙글 돌 수 있도록 캣워크와 캣스텝을 설치한 주택의 예입니다. 천장이 뚫린 부분에 캣워크 등을 설치할 때는 고양이가 높은 곳에서 뛰어내리지 않도록 고양이 경로를 만들어 그곳으로 유인합니다.

캣워크 ①

①과 같이 디딤판을 촘촘히 배치해 재빨리 오르내리게 한 구간

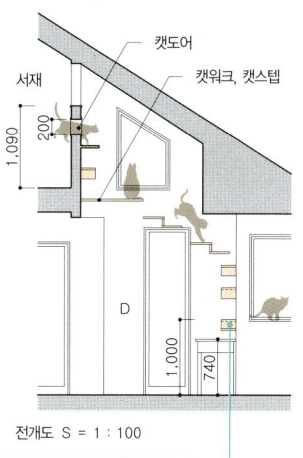

전개도 S = 1 : 100

안전을 배려해서 가장 아랫단을 1m 이상의 높은 위치에 설치하고, 초고령 고양이가 되면 사용하지 못하게 한다. 중년까지는 사용할 수 있도록 가장 아랫단 밑에 가구를 설치하여 그곳까지 올라갈 수 있게 하고, 나이가 더 들면 가구를 치운다.

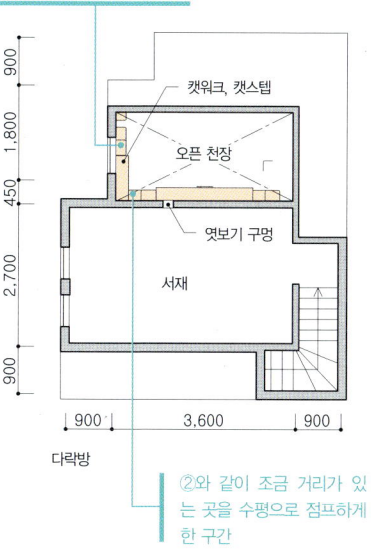

다락방

②와 같이 조금 거리가 있는 곳을 수평으로 점프하게 한 구간

③과 같이 수직 방향으로 점프하게 한 구간

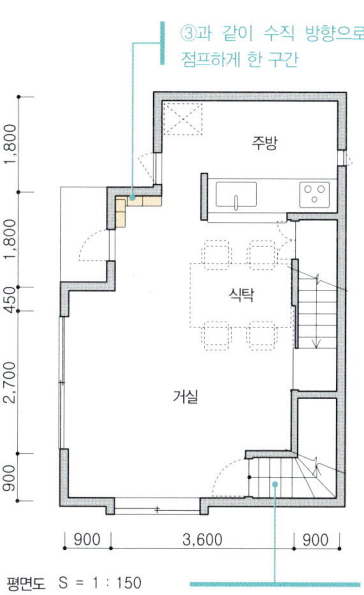

평면도 S = 1 : 150

④의 동작을 유도할 때는 캣워크나 캣스텝 일부에 사람이 사용하는 계단을 포함시킨다.

높은 곳까지 올라간 고양이가 바깥 구경을 하고 있다. 이 고양이는 아래로 내려가고자 할 때 어디를 통과하면 될지를 훑어볼 것이다. 이처럼 이동 경로를 쉽게 파악할 수 있도록 배치하면, 고양이는 그 동선을 활용한다.

| 캣워크 ②

생활공간 활용도 높이기

캣워크를 사람의 생활공간 안에 자연스럽게 녹여봅시다.
수납 선반 일부가 캣워크에 포함되게 한다거나 사람이 별로 관심을 두지 않는
천장 부분까지 연결하여 공간 활용도를 높이는 것도 좋은 방법입니다.

캣워크와 캣스텝은 고양이 전용 공간이므로 당연히 고양이가 사용하기 쉽게 설계해야 합니다. 그러나 약간의 수고와 아이디어를 더하면 함께 사는 사람에게도 매우 만족도 높은 디자인을 완성할 수 있습니다. 고양이가 건강하게 놀고 기분 좋게 뒹구는 공간을 일상적으로 공유할 수 있다면 사람과 고양이의 관계도 한층 친밀해질 것입니다.

캣워크 중간에 고양이 쉼터를 만든다

고양이는 높은 장소에 있는 비밀스러운 공간도 좋아합니다. 또 물건 틈새나 냄비 안과 같은 좁은 장소, 붙박이장과 같은 어두운 곳도 좋아하죠. 그래서 캣워크 등의 높은 장소에 상자 모양으로 둘러싼 '고양이 쉼터'를 만들어두면 아주 좋아합니다. 캣워크 중간에 이런 공간을 만들면 고양이의 전력질주를 억제시킬 수 있고, 캣워크 위에서 잠이 들어 뒤척이다가 떨어지는 사고도 방지할 수 있습니다.

고양이 쉼터에서 얼굴을 내민 모습이 매우 매력적이다. 쉼터는 고양이가 주로 다니는 길에 만들어주는 것이 좋다. 다음 세 가지 포인트가 갖추어지면 고양이는 그 안에서 느긋하게 쉬거나 관찰하거나 잠을 잔다.
① 엎드렸을 때 기댈 수 있다.
② 엎드려서도 턱을 올려놓을 수 있는 엿보기 구멍이 있다.
③ 엿보기 구멍을 통해 실내 풍경이 잘 보인다.

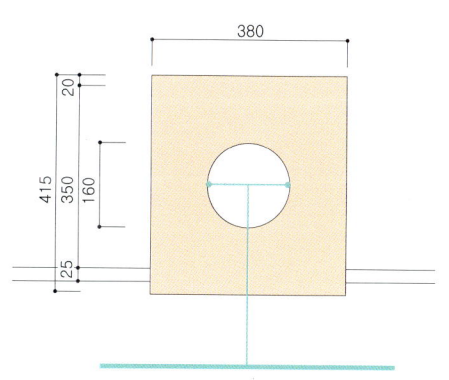

고양이 쉼터에 고양이가 얼굴을 내밀 수 있을 정도의 작은 구멍을 만들면, 고양이가 아래를 내려다보기 쉬워진다(구멍의 크기는 표준 크기의 고양이를 기준으로 했을 때 지름 160mm 정도가 적당하다).

고양이 쉼터 도안 S = 1 : 15

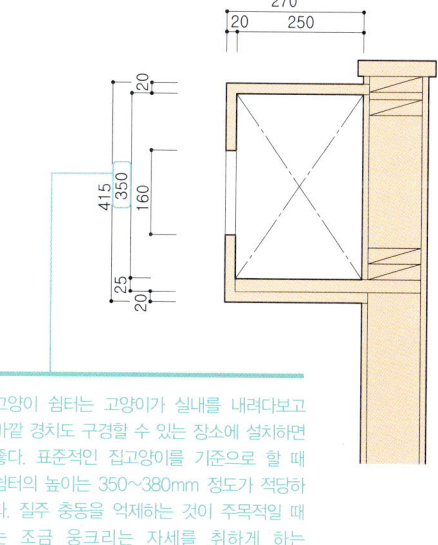

고양이 쉼터는 고양이가 실내를 내려다보고 바깥 경치도 구경할 수 있는 장소에 설치하면 좋다. 표준적인 집고양이를 기준으로 할 때 쉼터의 높이는 350~380mm 정도가 적당하다. 질주 충동을 억제하는 것이 주목적일 때는 조금 웅크리는 자세를 취하게 하는 280mm 정도면 된다.

고양이 쉼터 단면도 S = 1 : 15

캣스텝의 간격과 기울기를 잘 조정해야 한다

캣스텝의 디딤판은 벽에서 튀어나오도록 설치되기 때문에 너무 크면 사람에게 방해가 됩니다. 고양이의 안전을 배려하면서 사람에게도 불편하지 않은 최적의 치수를 찾아냅시다. 또 캣스텝의 기울기 역시 목적에 맞추어 설계할 필요가 있습니다. 운동을 시키는 게 목적이라면 많이 기울이면 됩니다. 이렇게 하면 사람에게도 고양이의 움직임이 더 많이 보입니다. 고양이의 일상 동선을 유도하는 것이 주목적이라면 고양이의 체형이나 운동 능력에 맞춰 기울기를 결정합니다.

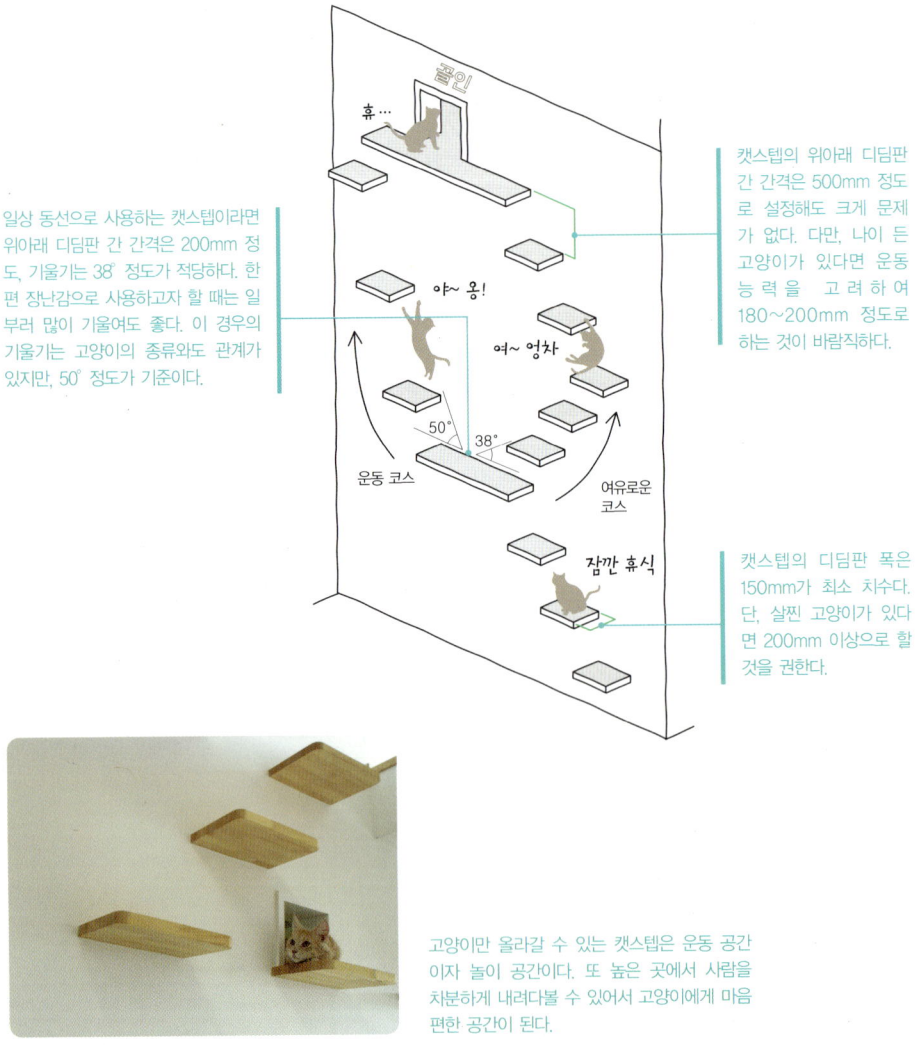

일상 동선으로 사용하는 캣스텝이라면 위아래 디딤판 간 간격은 200mm 정도, 기울기는 38° 정도가 적당하다. 한편 장난감으로 사용하고자 할 때는 일부러 많이 기울여도 좋다. 이 경우의 기울기는 고양이의 종류와도 관계가 있지만, 50° 정도가 기준이다.

캣스텝의 위아래 디딤판 간 간격은 500mm 정도로 설정해도 크게 문제가 없다. 다만, 나이 든 고양이가 있다면 운동 능력을 고려하여 180~200mm 정도로 하는 것이 바람직하다.

캣스텝의 디딤판 폭은 150mm가 최소 치수다. 단, 살찐 고양이가 있다면 200mm 이상으로 할 것을 권한다.

고양이만 올라갈 수 있는 캣스텝은 운동 공간이자 놀이 공간이다. 또 높은 곳에서 사람을 차분하게 내려다볼 수 있어서 고양이에게 마음 편한 공간이 된다.

캣워크 ②

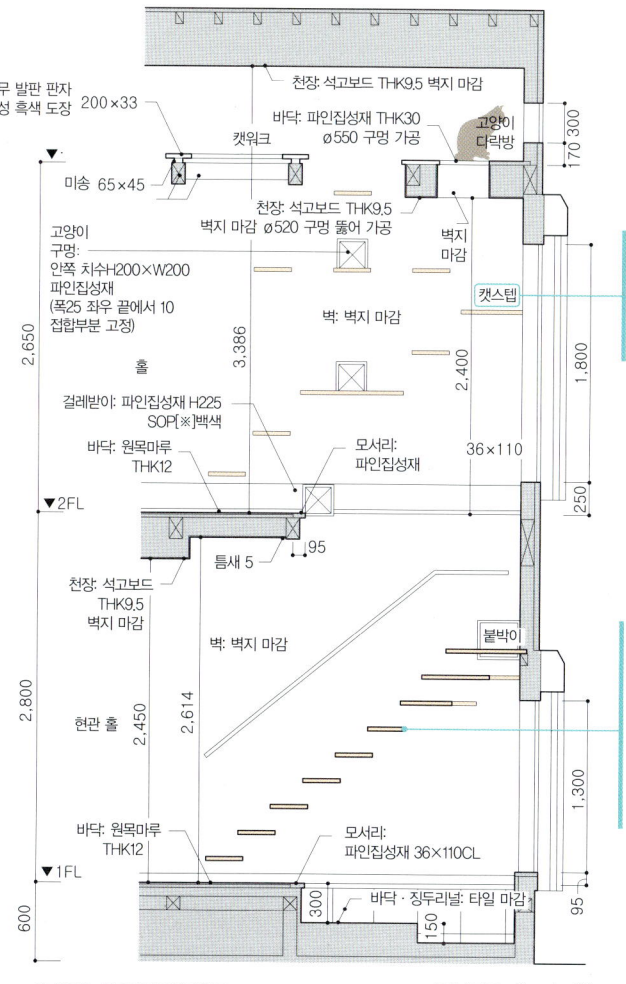

계단실 단면도 S = 1 : 60

※ SOP는 합성수지조합페인트

층계참의 유리창 쪽에 캣스텝을 설치하면 고양이가 밖을 바라보거나 햇볕을 쬐는 휴게 공간이 된다. 디딤판의 높이를 사람의 시선보다 조금 낮은 위치로 하면 고양이의 모습을 바라볼 수 있어서 좋다.

캣스텝의 기울기와 사람이 사용하는 계단 기울기를 맞추면 계단에 통일감이 생긴다. 또한 사람의 계단도 발 디디는 면만 있는 스트립 계단으로 하면 털이 쌓이지 않기 때문에 청소하기도 훨씬 수월하다. 또 시야가 뚫려 계단 맞은편도 볼 수 있으므로 이것이 좋은 자극이 되어 고양이가 계단을 자주 사용하게 된다.

개방형 천장 부분에 캣워크와 캣스텝, 쉼터 등 머무를 장소를 조합해 설치하면 고양이가 무척 좋아한다.

복층 구조를 활용해 캣워크를 만든다

개방형 천장으로 된 복층 구조는 공간에 개방감을 주어 기분을 좋게 하는데, 실제로 사람이 사용하는 공간은 아래층뿐이죠. 이때는 천장이 뚫린 위층 부분을 이용해 캣워크를 설치하면 좋습니다. 아래 도면에서는 2층의 자녀 방, 부부 침실, 서재를 자유롭게 왕래할 수 있도록 캣워크를 배치했습니다. 커튼 박스를 조금 크게 만들어 캣워크로 활용하면 인테리어 효과도 높아집니다.

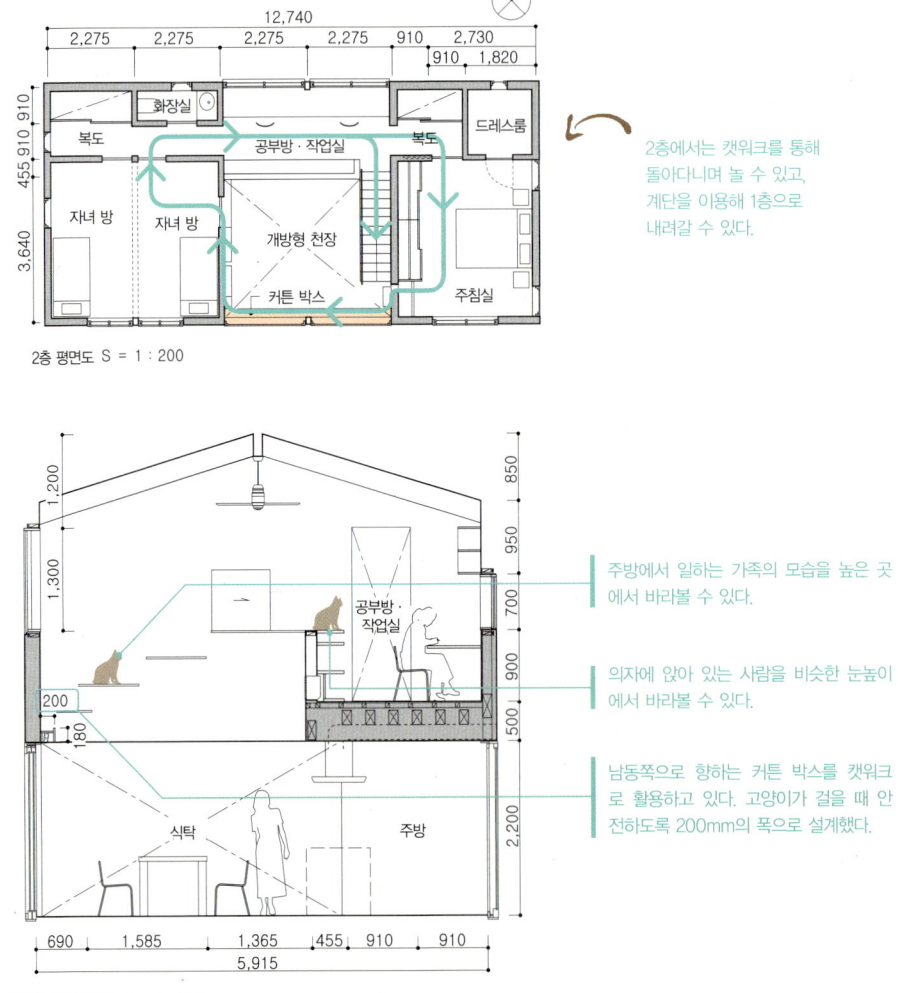

서재에서 개방형 천장을 바라봤을 때의 풍경. 고양이는 서재의 캣워크에 엎드려 먼 곳의 경치를 볼 수 있다.

오른쪽: 2층의 부부 침실에서 캣워크를 향해 설치된 고양이만의 통로, 지름 220mm. 이 고양이는 여기에서 주방을 내려다보는 것을 좋아한다.

왼쪽: 캣워크를 바닥재와 같은 색 나무로 마감해 인테리어에 통일감을 주었다.

캣워크와 가구를 결합한다

가구 안에 캣워크를 짜 넣으면 자연스럽게 어우러져서 디자인상으로도 탁월한 효과를 얻을 수 있습니다. 왼쪽 사진에서는 천장에 매다는 수납 선반 안에 캣워크를 짜 넣었습니다. 캣워크로도, 단순한 장식 선반으로도 사용할 수 있습니다. 거실을 둘러싸듯이 설치해 캣워크에서 방 전체를 내려다볼 수 있게 했기 때문에 고양이에게 즐거운 장소가 됐습니다.

위에서 볼트로 매다는 형식이기 때문에 벽이 없는 부분에도 캣워크를 설치할 수 있다. 이런 형식으로 하면 캣워크를 설치하는 위치에 제약이 많이 없어진다. 사람이 일상적으로 지나다니는 부분에는 높게 설치하는 등 장소에 맞추어 높이를 바꿀 수 있다.

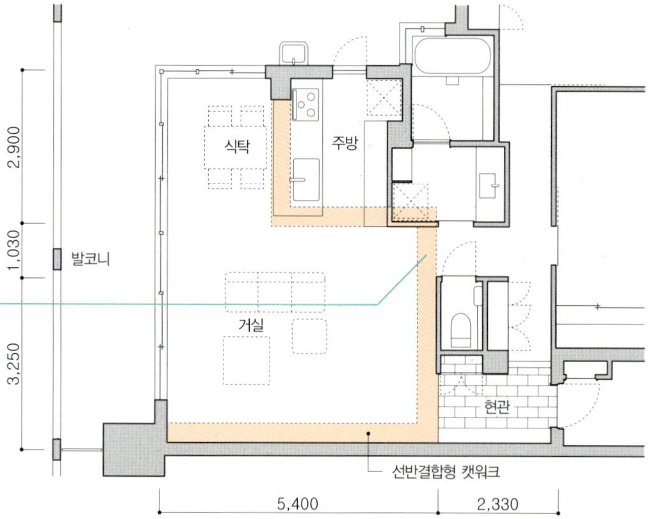

평면도 S = 1 : 150

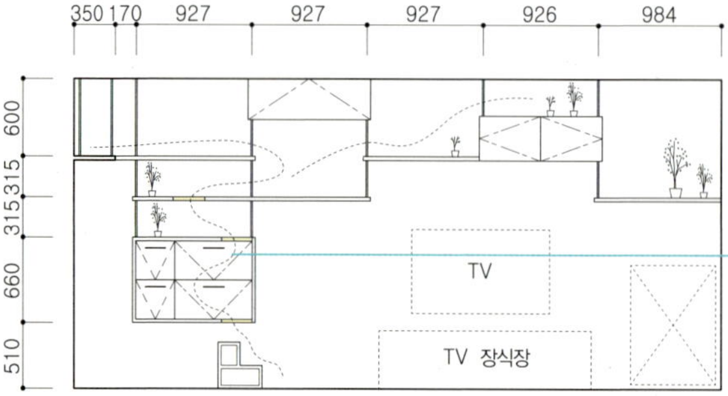

문이 달린 수납장 내부에 고양이만 다닐 수 있는 통로를 만들었다. 계단으로 된 수납장을 활용하면 위쪽에 있는 캣워크에도 간단히 올라갈 수 있다.

전개도 S = 1 : 80

사진 왼쪽의 문 달린 수납장은 겉으로는 평범한 수납장으로 보이지만 안에는 고양이만 다닐 수 있는 통로가 있다.

가구와 일체화된 선반과 결합한 캣워크가 주방 위쪽 공간으로 이어진다. 고양이가 실제로 갈 수 없는 곳은 수납 용도로만 사용하고 있다.

캣워크 ③
재미있게 디자인하여 즐거움 높이기

캣워크는 안전을 기본으로 하되
고양이가 즐겁다고 느끼거나 호기심을 자극할 만한
형태, 위치, 소재로 하는 것이 중요합니다.

캣 워크는 단순히 고양이가 다니는 길을 공간 구석에 배치하는 것이 전부가 아닙니다. 안전 대책을 빈틈없이 세웠다고 해도, 고양이가 사용하기 불편해하거나 재미없다고 느낀다면 소용이 없습니다. 안전하되 고양이의 흥미를 충분히 자극하는 센스 있는 디자인이 필요합니다.

고양이에게는 촉감도 중요한 요소다

고양이의 발바닥에는 털이 없이 볼록하게 튀어나온 살 부분이 있는데 이곳은 예민한 감각기관입니다. 여기서 전해지는 '차다', '뜨겁다', '미끌미끌하다', '거칠거칠하다' 같은 느낌이 갑자기 바뀌면 고양이는 앞으로 나아가길 주저합니다. 캣워크와 캣스텝 등을 입체적으로 배치하고 고양이가 풍부한 변화를 경험할 수 있는 공간으로 만드는 것이 중요하긴 하지만, 그보다 앞서 모든 소재를 고양이가 기분 좋게 느끼는 것으로 통일하도록 신경 써야 합니다.

캣워크 ③

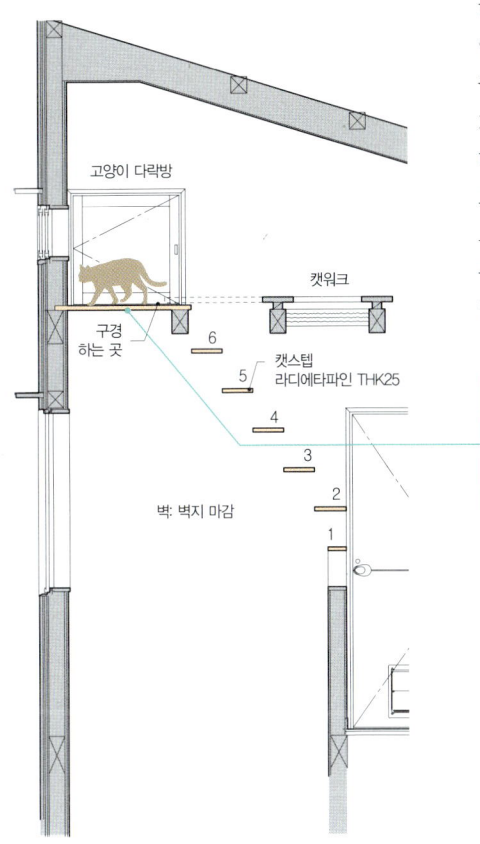

계단실 단면도 S = 1 : 50

목재의 한 종류인 라디에타파인(Pinus radiata)은 가벼워서 가공하기도 어렵지 않다. 아래 사진과 같이 캣워크에 둥그런 엿보기 구멍을 뚫고자 할 때 적합하다. 단, 상처가 잘 나는 소재라는 점을 염두에 두자.

'잘 미끄러지지 않고, 촉감이 좋은 것'이라는 점에 중점을 둘 때 목재는 고양이의 디딤판에 가장 적합한 소재다. 사진에서는 라디에타파인 합판을 캣워크에 사용했다. 완충성이 높고 온기가 있는 감촉이어서 고양이에게 적합하다.

고양이에게 즐거운 장소로 만든다

캣워크와 캣스텝을 고양이에게 매력적인 장소로 만들어놓으면 고양이는 그 공간을 마음껏 활용합니다. 고양이에게 매력적인 장소의 조건으로는 '바깥 풍경을 바라볼 수 있다', '햇볕을 쬘 수 있다', '실내의 움직임을 관찰할 수 있다', '사료가 있다', '엎드려 누울 수 있는 은둔처가 있다' 등을 들 수 있습니다. 이런 장소를 만들기 위해 다양한 요소를 생각할 수 있습니다. 예를 들어 고양이가 사람의 모습을 바라보고 즐길 수 있는 위치에 캣워크와 캣스텝을 설치하고자 할 때는, 고양이가 기분에 따라 사람과의 거리를 선택할 수 있도록 다양한 장소와 높이에 배치하는 것이 좋습니다.

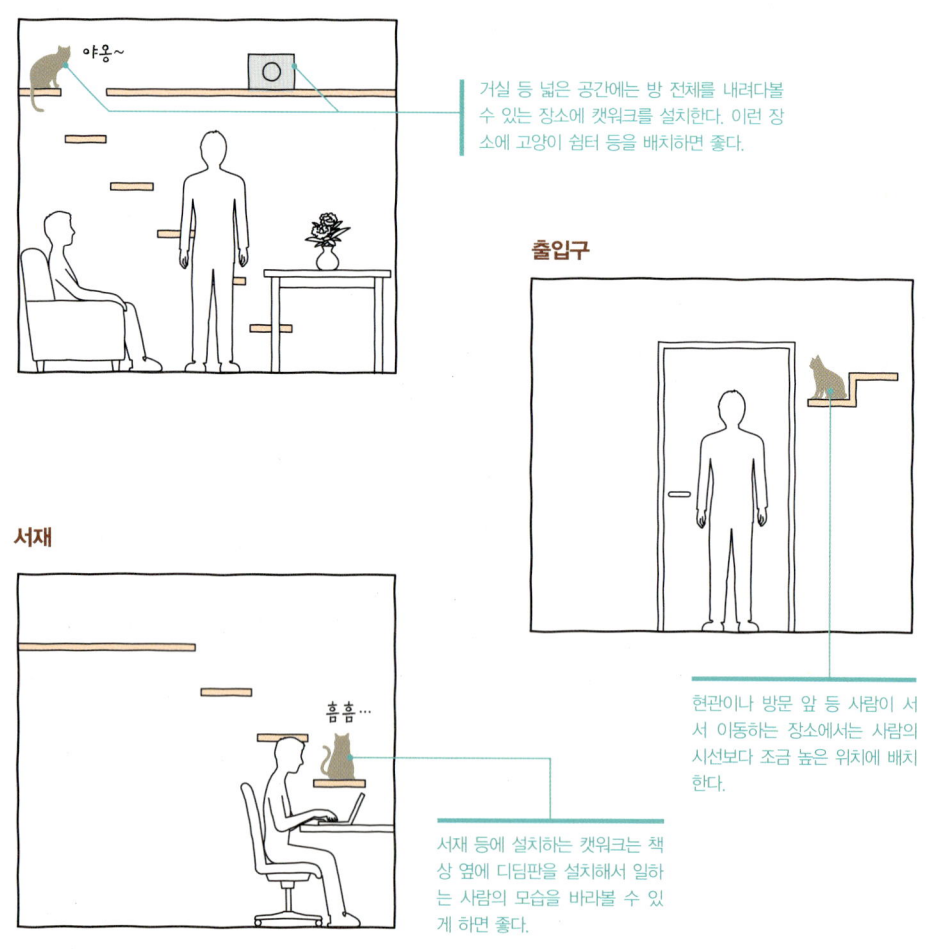

일부러 사각지대를 만들어서 호기심을 자극한다

캣워크③

캣워크를 아무리 쾌적한 디자인으로 완성했다 해도 배치가 너무 단순하면 고양이는 지루해합니다. 지루함은 고양이에게 스트레스의 원인이 됩니다. 이를 예방하려면 캣워크에 일부러 사각지대를 만드는 등 고양이의 호기심을 자극할 방법이 필요합니다.

평면적으로 시선을 차단하는 방법

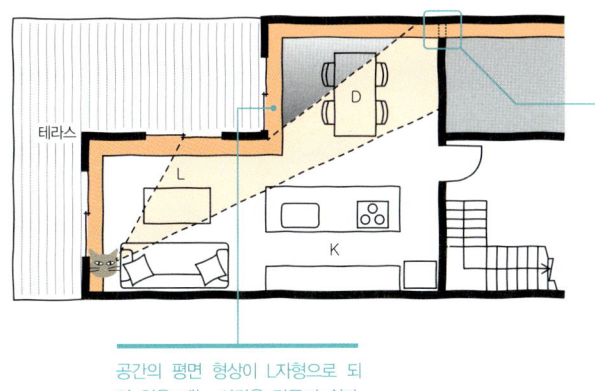

공간을 구분하는 벽에 고양이가 통과하는 구멍을 만들고 2개의 방을 캣워크로 연결해 사각지대를 만드는 방법도 있다. 구멍의 크기는 200mm 정도가 적당하다.

공간의 평면 형상이 L자형으로 되어 있을 때는 사각을 만들기 쉽다. 방의 모퉁이와 벽을 이용해 캣워크에서 보이지 않는 장소가 생기도록 배치한다.

단면적으로 시선을 차단하는 방법

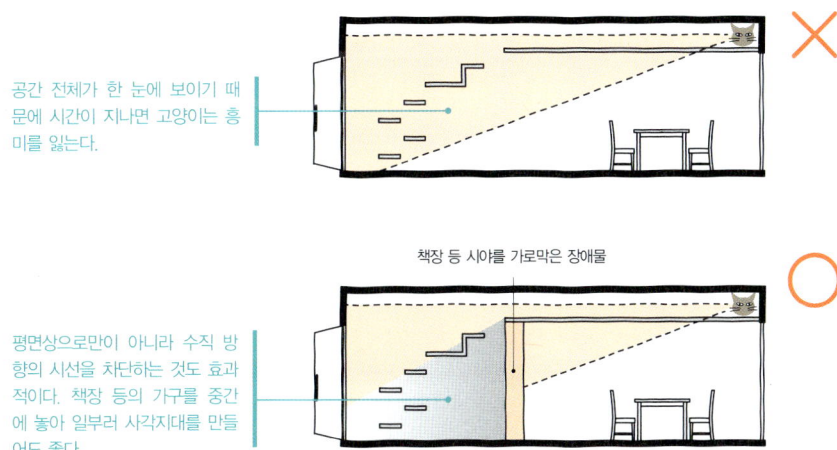

공간 전체가 한 눈에 보이기 때문에 시간이 지나면 고양이는 흥미를 잃는다.

책장 등 시야를 가로막은 장애물

평면상으로만이 아니라 수직 방향의 시선을 차단하는 것도 효과적이다. 책장 등의 가구를 중간에 놓아 일부러 사각지대를 만들어도 좋다.

기분에 따라 높이를 고르게 한다

사람이 위로 팔을 뻗는다거나 발로 찬다거나 할 가능성이 있는 곳이라면 고양이에게 안전하지 않습니다. 그러므로 캣워크 등을 설치할 때는 사람 허리보다 100mm 정도 높은 위치를 선정하는 것이 바람직합니다. 주방 옆이나 방문 앞, 복도 등은 캣워크를 잘 설치하지 않는 공간이지만, 이 장소에 캣워크를 설치하면 함께 생활하는 개와 사람이 이동하는 것을 따라 고양이도 높은 곳에서 이동하며 일체감을 느낄 수 있습니다.

계단식

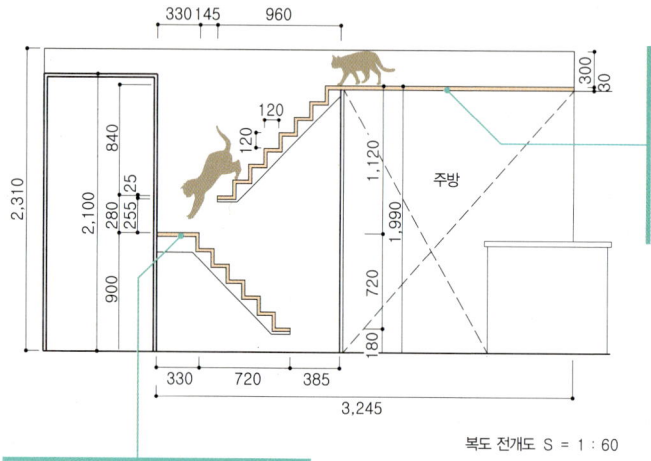

자투리 공간의 캣워크는 사람의 움직임을 따라 고양이도 함께 이동할 수 있도록 하면 좋다. 그러면 '가족의 얼굴을 바라보고 모습을 관찰하고 싶다'는 고양이의 욕구를 만족시키면서 실내 공간 활용도도 높일 수 있다.

자투리 공간에 캣워크를 만들 때도 높이를 어느 정도 다양하게 하면 좋다. 기분에 따라 마음에 드는 높이를 선택할 수 있게 해두면 고양이에게 더욱 매력적인 공간이 된다.

상자식

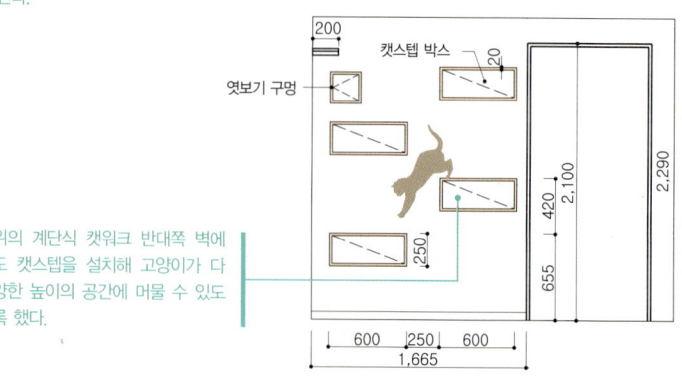

위의 계단식 캣워크 반대쪽 벽에도 캣스텝을 설치해 고양이가 다양한 높이의 공간에 머물 수 있도록 했다.

디딤판의 간격은 최단 거리 300mm를 기준으로 한다

디딤판을 엇갈리게 배치할 때는 고양이가 부드럽게 이동할 수 있도록 적절한 거리로 설정할 필요가 있습니다. 디딤판끼리의 간격이 너무 좁거나 너무 넓어도 사용하기 어려워집니다.

캣스텝을 선반으로도 사용하는 경우, 선반의 물건과 고양이가 뛰어올랐을 때의 충격까지 고려해서 무게를 잘 이겨낼 수 있도록 단단히 고정할 필요가 있다.

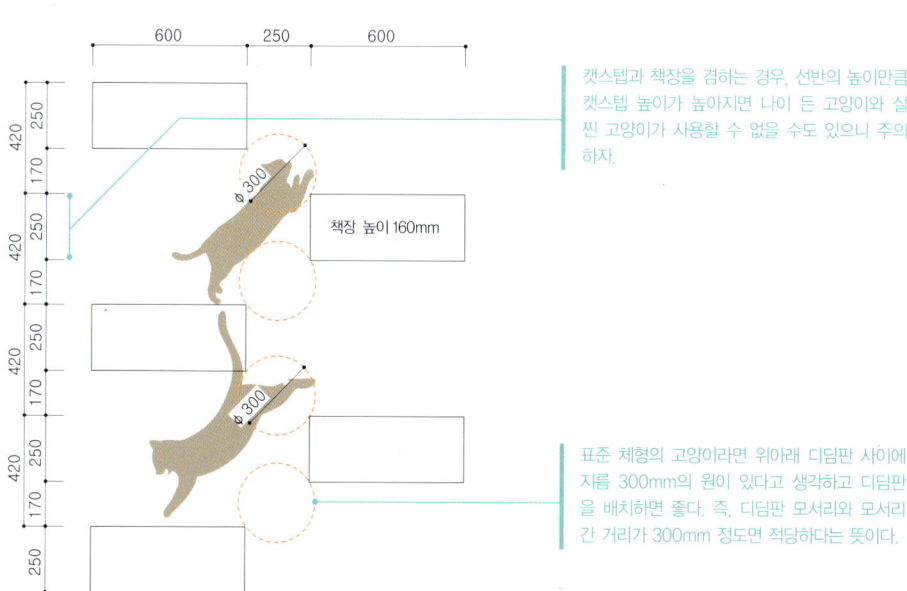

캣스텝과 책장을 겸하는 경우, 선반의 높이만큼 캣스텝 높이가 높아지면 나이 든 고양이와 살찐 고양이가 사용할 수 없을 수도 있으니 주의하자.

표준 체형의 고양이라면 위아래 디딤판 사이에 지름 300mm의 원이 있다고 생각하고 디딤판을 배치하면 좋다. 즉, 디딤판 모서리와 모서리 간 거리가 300mm 정도면 적당하다는 뜻이다.

캣타워의 원형 디딤판은 지름이 400mm 이상 되게 한다

시중에서 판매되는 캣타워 중에는 원형 디딤판의 크기가 지름 300mm 정도인 것이 있는데, 이 크기는 고양이가 오르내리기에는 너무 좁아서 사용하지 못할 수도 있습니다. 원형 디딤판은 아무리 작아도 400mm는 넘어야 고양이가 무리 없이 사용할 수 있습니다.

캣타워만으로 마무리하지 말고 '쉴 수 있는 장소'와 '뛰어 이동할 수 있는 디딤판'을 추가하자. 그러면 고양이는 캣타워를 더 적극적으로 사용하게 된다.

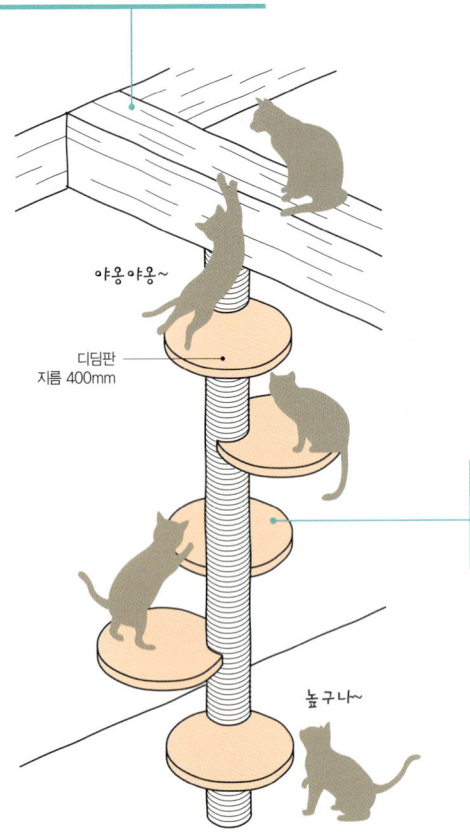

오르내리는 캣타워는 마킹 포인트가 되기 쉽다. 타워의 중심 기둥에는 삼베나 끈을 감아서 발톱으로 긁어도 상관없도록 대비하자.

디딤판
지름 400mm

캣타워 디딤판을 둥글게 만들 때는 지름이 400mm 이상이면 좋다. 디딤판 모양이 반원이라면 200×300mm 정도로 한다. 또한 위아래 디딤판 사이 간격은 최단 거리가 300mm 정도가 되게 배치한다.

수납공간과 고양이 공간이 어우러지게 한다

수납장 일부를 비워 고양이가 위아래나 옆으로 이동할 수 있는 통로를 만들면 좋습니다. 고양이의 운동 부족을 해소할 수 있고, 조금 후미진 곳은 쉼터도 될 수 있기에 고양이가 다양하게 활용합니다.

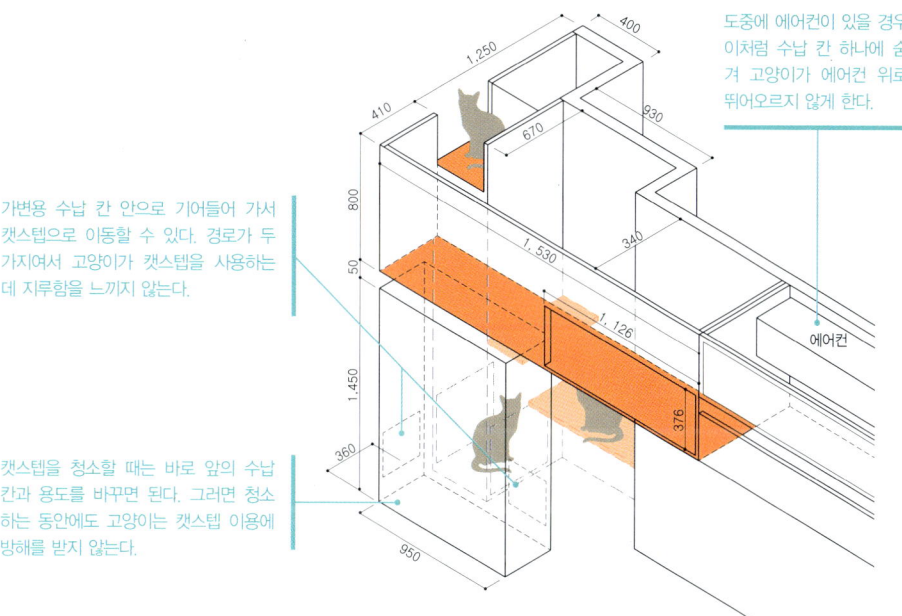

가변용 수납 칸 안으로 기어들어 가서 캣스텝으로 이동할 수 있다. 경로가 두 가지여서 고양이가 캣스텝을 사용하는 데 지루함을 느끼지 않는다.

캣스텝을 청소할 때는 바로 앞의 수납 칸과 용도를 바꾸면 된다. 그러면 청소하는 동안에도 고양이는 캣스텝 이용에 방해를 받지 않는다.

도중에 에어컨이 있을 경우 이처럼 수납 칸 하나에 숨겨 고양이가 에어컨 위로 뛰어오르지 않게 한다.

캣스텝을 모두 올라서면 그 위에 캣워크가 있어서 방 전체를 빙글빙글 돌 수 있다. 캣워크에서 고양이 발이 닿는 부분은 미끄러짐을 방지하기 위해서 목재 그대로 도장하지 않고 마감한다.

캣워크 소재와 디자인을 다양하게 할 수 있다

캣워크로 사용할 수 있는 소재는 나무만이 아닙니다. 동판으로 하면 두께를 조절할 수 있어 디자인상으로도 완성도 높은 캣워크를 만들 수 있습니다. 단, 동판을 그대로 사용하면 미끄러지기 쉬워 고양이가 달리다가 떨어질 위험이 있으므로 주의해야 합니다. 사진의 예에서는 도장으로 표면 처리를 하여 미끄럼 방지 기능을 더하고, 동시에 외관상으로도 독특한 분위기를 연출했습니다.

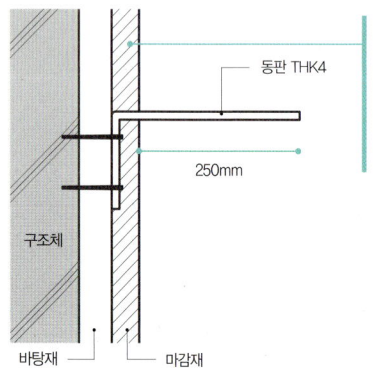

먼저 동판을 바탕재에 나사못으로 고정하고, 사람의 시야에 들어오는 부분만 마감재를 덧붙이면 된다. 고양이 한두 마리가 올라가는 캣워크라면 동판 두께가 4mm 정도의 얇은 것을 사용해도 되는데, 이를 바탕재에 나사못으로 단단히 고정하면 휘는 일도 적고 하중도 더 잘 견딜 수 있다.

고양이가 사람의 눈에 띄지 않는 천장 안쪽 깊숙한 곳까지 자유롭게 돌아다니게 되면, 만약의 상황에서 고양이를 구출하거나 잡을 수 없다. 고양이가 움직이는 영역은 인간의 손이 닿을 정도의 범위로 한정해야 한다. 여기에서는 천장 안쪽 깊은 곳으로 이어지는 틈을 고무 계열의 튜브로 감싸듯이 막아 그 안에서만 이동할 수 있게 했다. 튜브를 빼면 정기적으로 청소도 할 수 있으므로 청결하게 유지할 수 있다.

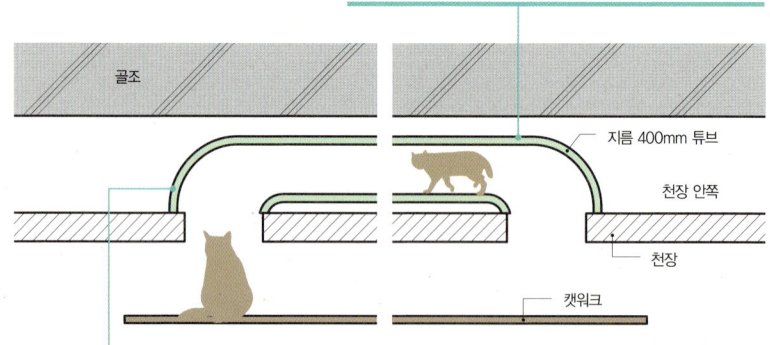

천장 안쪽 입구 부분을 활용해 고양이만 다닐 수 있는 통로를 만든다. 캣워크를 다니다 보면 곳곳에 만들어놓은 이런 통로에 도달한다. 이 중 일부 구간은 조금 어둡고 사람 손이 쉽게 닿지 않기 때문에 고양이가 안정을 취할 수 있다.

위: 식당의 포인트 벽에 설치한 캣워크는 고양이가 있건 없건 항상 아름답게 보인다.

왼쪽 아래: 천장 안쪽으로 연결되는 구멍에 고풍스러운 액자를 사용해 프레임을 만들었다. 고양이는 위에서 가족을 내려다보며 만족하고 가족들은 그 모습을 보며 즐거워한다.

오른쪽 아래: 구멍과 연결되어 있지 않은 단순한 장식도 함께 배치했다. 고양이가 캣워크로 내려오고 있는 밝은 색 액자는 천장 안쪽과 연결된 구멍이고, 그 옆의 어두운 색 액자는 장식용 프레임이다.

| 캣워크 ④ |

원만한 사회생활이 되는 동선 만들기

고양이를 여러 마리 키우는 집이라면 캣워크 설계에도 신경 써야 합니다.
특히 캣워크 위에서 고양이들의 동선이 부딪치지 않게 합니다

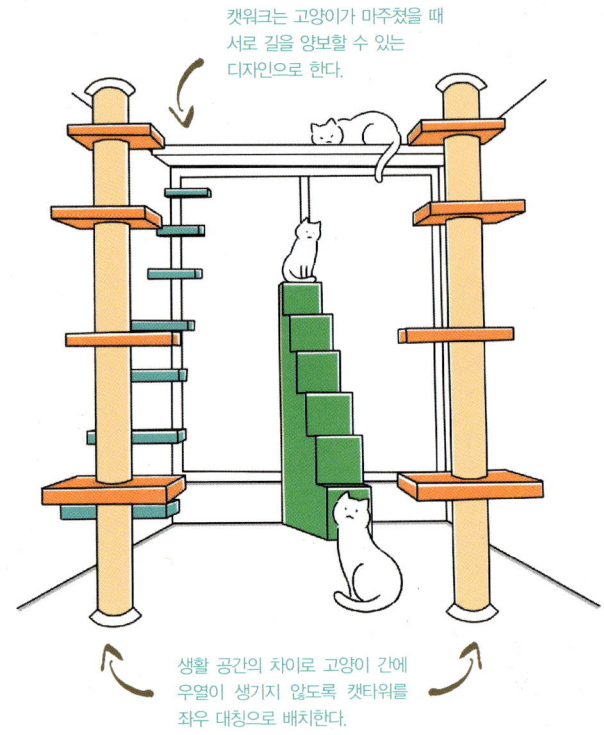

캣워크는 고양이가 마주쳤을 때 서로 길을 양보할 수 있는 디자인으로 한다.

생활 공간의 차이로 고양이 간에 우열이 생기지 않도록 캣타워를 좌우 대칭으로 배치한다.

고양이가 세 마리 이상인 경우에는 고양이들만의 사회가 형성됩니다. 원만한 사회 형성이 제대로 되지 않으면 영역을 주장하기 위해 스크래치나 스프레이 행위 등이 늘어나지요. 고양이들의 관계가 원활해지도록 하려면, 무엇보다 고양이가 단독 생활을 좋아하는 동물이라는 점을 기억해야 합니다. 즉, 고양이들이 마주쳤을 때 아무 일 없이 스쳐 지나갈 수 있도록 캣워크나 캣스텝을 설치해야 합니다.

약한 고양이의 이동과 휴식을 배려한 구조여야 한다

캣워크 ④

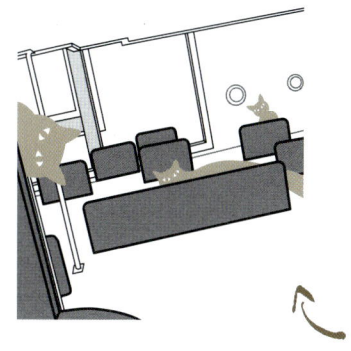

여러 마리를 키울 때 '사회 계층상 하위에 속하는 고양이'는 비위생적이고 좁은 틈새라도 마음이 편한 장소가 있다면 그곳으로 도망쳐 숨으려고 합니다. 이런 상황이라면 계단과 같이 높이가 있고 사람들의 움직임을 내려다볼 수 있는 장소에 벽으로부터 돌출된 형태의 캣스텝을 많이 설치하는 것이 좋습니다. 고양이의 생활 공간에 선택지가 여러 개 있다면 대장 고양이부터 하위 고양이까지 서로 부딪히지 않고 자유롭게 지낼 수 있습니다.

여러 장소와 방향에서 아래를 내려다볼 수 있는 캣타워와 캣스텝을 설치하는 것은 고양이끼리 갈등이 일어나지 않게 하는 방법일 뿐만 아니라 고양이가 싫증을 느끼지 않게 하는 방법이기도 하다.

생활 공간도 되는 캣스텝

캣스텝을 최소 치수보다 크게 하면 고양이가 마음 편히 머무르는 장소가 늘어납니다. 그러면 대장 고양이 이외의 고양이도 안심하고 쉴 수 있습니다.

↑ 대들보   ↑ 캣워크

┕ 380mm

바닥에서 맨 아래 디딤판까지의 거리는 380mm 정도가 적정 치수다. 디딤판은 여러 마리가 올라가도 견딜 수 있는 강도로 하기 위해 두께 25mm 이상의 합판으로 했다.

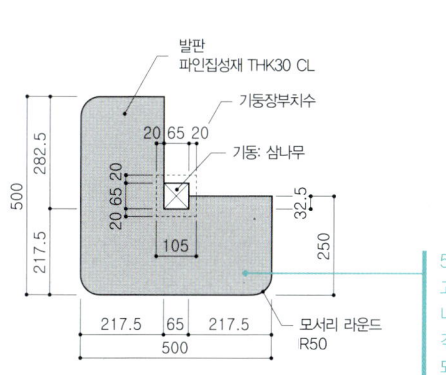

캣스텝 평면 상세도 S = 1 : 20

500mm짜리 정사각형 디딤판 한쪽 4분의 1을 잘라내고 90°씩 회전시켜가면서 하나의 지지대에 고정했다. 내려가는 동작에는 적합하지만 올라가는 데 어려움을 겪는 고양이도 있으므로, 다른 장소에 캣워크로 연결되는 일반적인 디딤판도 설치하면 더욱 좋다.

마주쳐도 문제없이 엇갈려 갈 수 있는 구조여야 한다

고양이는 본래 싸움이 일어나기 전에 피하는 습성이 있습니다. 이 습성을 살려 동선 계획을 세웁니다. 디딤판의 폭을 넉넉하게 하거나 얼른 피할 수 있는 다른 디딤판이 근처에 있도록 캣스텝을 설치하면 고양이는 서로 길을 양보하는 습관을 배우게 됩니다.

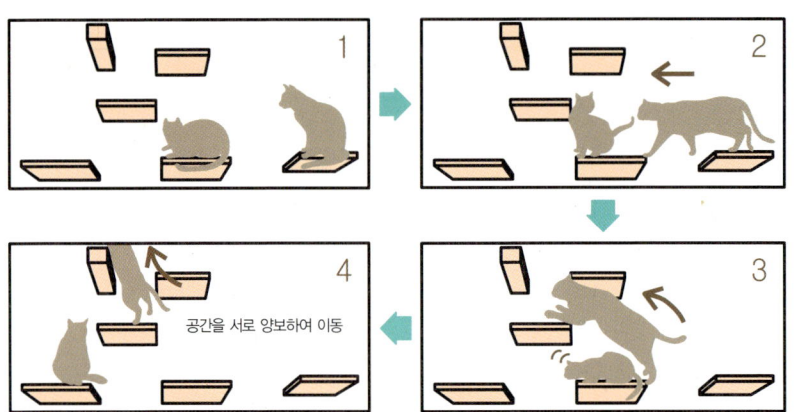

지그재그 캣워크

고양이들의 사회생활이 원활하게 이루어지기 위해서 서로의 동선이 겹치지 않도록 이동 경로를 여러 개 설치하는 것이 중요합니다. 통로를 길게 일직선으로 설치하는 것이 아니라 지그재그로 만들면, 보행 속도도 억제되고 앞쪽에서 다른 고양이가 와도 미리 피할 수 있습니다.

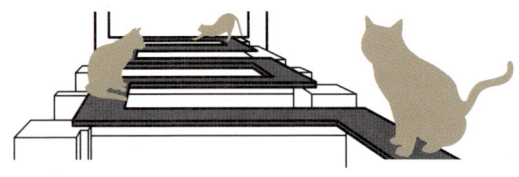

평행하게 두 갈래로 나뉜 캣워크

고양이는 높이를 바꾸어 상대를 피하는 행동도 많이 합니다. 평행한 이동 경로 중간중간에 위아래로 디딤판을 두어 두 갈래로 나뉘는 경로를 만들어두면 서로 문제없이 엇갈려 지나갑니다.

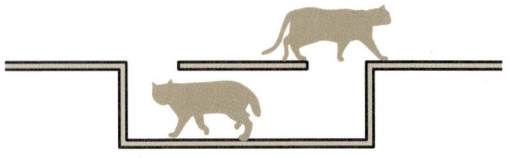

원반 캣워크로 탐색 욕구를 충족시킨다

실내라는 한정된 공간일지라도 이동 경로가 복잡한 캣워크를 준비하면 고양이의 본능적인 탐색 욕구를 어느 정도 충족시켜줄 수 있습니다. 원반형 캣워크는 고양이가 좋아할 뿐 아니라 사람도 그 조형물을 바라보고 즐길 수 있습니다. 경로가 복잡하고 생활공간이 다채롭다면 대장 고양이 때문에 나머지 고양이가 받는 스트레스도 줄일 수 있습니다.

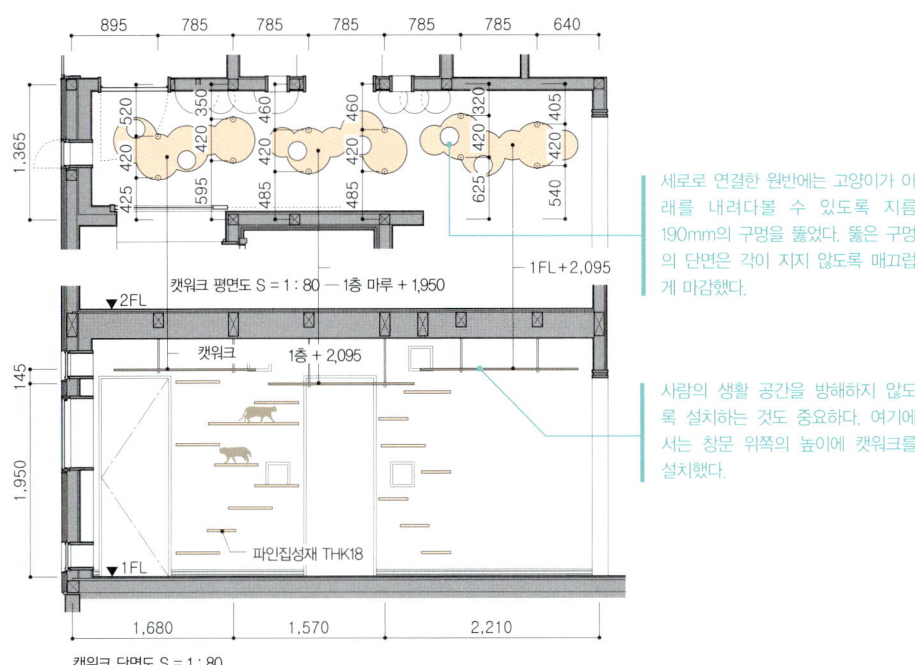

세로로 연결한 원반에는 고양이가 아래를 내려다볼 수 있도록 지름 190mm의 구멍을 뚫었다. 뚫은 구멍의 단면은 각이 지지 않도록 매끄럽게 마감했다.

사람의 생활 공간을 방해하지 않도록 설치하는 것도 중요하다. 여기에서는 창문 위쪽의 높이에 캣워크를 설치했다.

캣워크를 원반이 가로세로로 연결된 것 같은 형상으로 만들어 이동 경로가 복잡하게 보이도록 한 예다. 고양이가 본능적으로 가지고 있는 탐색 욕구를 만족시키고, 실제 공간보다 더 넓어 보이게 하는 효과를 얻을 수 있다.

| 개와 고양이 |

개와 고양이 사이좋게 공존하기

개와 고양이는 언뜻 보아 비슷하나 다른 존재입니다.
각각 타고난 성질을 이해한 후에 함께 키우는 것이 좋습니다.

일반적으로 대형견이 소형견보다 고양이를 더 잘 받아들여준다.

공간을 나눠 기르는 방법도 있다. 하지만 서로 존재는 알지만 볼 수 없거나 왕래할 수 없다는 것이 스트레스가 될 수 있다는 점에 유의한다.

고양이는 함께 살아온 형제·부모·자식 등과는 관계에 큰 문제가 없습니다. 하지만 나중에 개와 가족이 되어 함께 생활한다면 어려움을 겪을 수도 있습니다. 고양이와 개를 모두 키우고자 한다면 개를 먼저 키울 것을 권합니다. 개는 무리 의식이 강해서 고양이를 비교적 쉽게 받아들이기 때문입니다. 하지만 그 반대의 경우라면 좀더 신경을 써야 합니다. 방에 개는 들이지 않더라도 고양이는 들여야 할 수도 있고, 개는 닿지 않는 높은 위치에 고양이의 생활 공간을 만드는 등 배려가 필요합니다.

개와 고양이의 식사 공간은 높이를 다르게 한다

개와 고양이는 식사 방식에 큰 차이가 있습니다. 개는 '단번에 먹기'를 하지만, 고양이는 조금 먹고 남기는 '나누어 먹기'를 합니다. 그 때문에 개가 고양이 그릇에 남아 있는 음식을 발견하면 아직 남았다고 생각해서 먹어치우기도 합니다. 고양이의 식사 공간에 개를 들이지 않는 등 대처가 필요합니다. 또 개는 평면적으로 생활하고, 고양이는 공간을 상하로 사용해 입체적으로 생활하는 습성이 있습니다. 이를 이용해 개의 식사 공간은 바닥에, 고양이의 식사 공간은 개가 쉽게 닿을 수 없는 선반 위 등에 만들면 좋습니다.

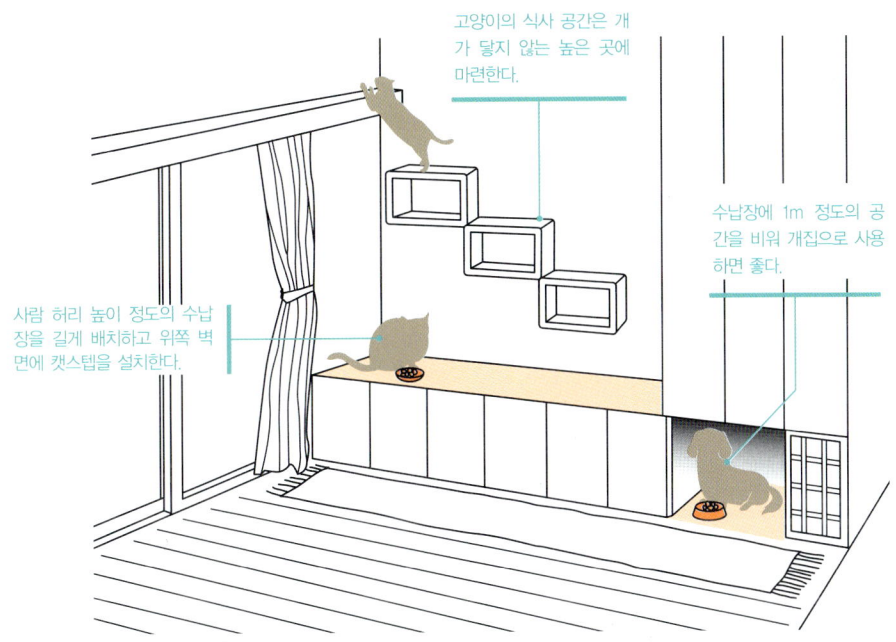

고양이의 식사 공간은 개가 닿지 않는 높은 곳에 마련한다.

수납장에 1m 정도의 공간을 비워 개집으로 사용하면 좋다.

사람 허리 높이 정도의 수납장을 길게 배치하고 위쪽 벽면에 캣스텝을 설치한다.

고양이 사료는 맛있다?

고양이와 개는 조상이 육식이었는지 잡식이었는지의 차이가 있기에 각자 필요한 영양분이 다릅니다. 고양이 사료는 동물단백질과 지방이 많이 포함되어 있어서 고양이에게도 개에게도 맛있게 느껴집니다. 그러므로 개가 고양이 사료에 눈독을 들이지 못하도록 고양이의 식사 공간은 개에게 보이지 않는 위치에 만드는 것이 좋습니다.

고양이가 높은 곳에서 뛰어내리지 않게 한다

고양이는 높은 곳에서 바라보거나 높은 곳을 탐색하길 좋아합니다. 캣워크가 없으면 자기 마음대로 수납 가구를 캣워크로 사용하기도 합니다. 그런 경우 높은 곳에서 뛰어내리는 일도 종종 생깁니다. 예를 들어 식기 수납장 꼭대기에서 식탁으로 뛰어내리는 경우 등입니다. 이때 큰 소리가 나면 함께 기르는 개는 깜짝 놀랍니다. 심지어 '거실은 갑자기 큰 소리가 나는 싫은 장소'라는 인상이 남아 그곳을 사용하지 않으려 하는 일도 생깁니다. 개뿐만 아니라 나이 든 고양이도 마찬가지이므로 이에 대해 대책이 필요합니다.

높은 곳에 올라간 고양이는 아래를 내려다보면서 착지할 수 있을 것 같은 곳을 찾는다. 그런데 가끔은 소리가 울리거나 물건이 넘어질 수도 있는 곳으로 착지해 큰 소리가 나게 되기도 한다. 졸지에 큰 소리에 노출된 개는 놀랄 수밖에 없다.

높은 곳에 올라가 아래로 내려오려고 할 때, 캣워크와 캣스텝 등이 시야에 들어오면 고양이는 그곳을 사용한다. 이렇게 하면 높은 곳에서 기세 좋게 뛰어내리다 고양이가 다치는 것을 방지할 수 있고 함께 생활하는 개도 놀라지 않게 된다. 캣워크로 동선을 유도함으로써 개와 고양이가 원만하게 지낼 수 있다.

높이로 서로의 주거공간을 나누면 잘 지낼 수 있다

고양이는 수직 방향도 이용해 입체적으로 움직이고, 개는 평면적으로 움직인다는 성질을 주거 공간에도 활용해보세요. 예를 들어 높은 천장 부분은 고양이만의 공간, 바닥 부분은 개만의 공간으로 구분하는 것입니다. 각자가 안정을 취할 수 있는 장소와 둘 다 사용할 수 있는 공간으로 구분해두면, 서로 적당한 거리를 유지할 수 있어서 잘 공존할 수 있습니다.

현관 앞, 바닥을 개의 공간으로 하고, 위쪽을 고양이만의 공간으로 했다. 벽에 착탈식 캣스텝을 만들어 고양이가 자신의 공간으로 이동하도록 했다.

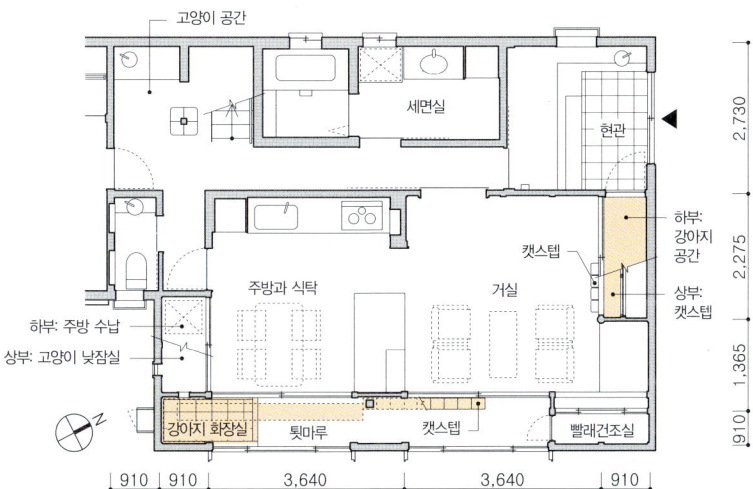

평면도 S = 1 : 150

주방 수납장 위, 천장 안쪽 공간을 이용해 고양이 전용 생활공간을 만들었다. 고양이는 여기에서 주방과 거실 등 실내 전체를 바라볼 수 있다.

이곳 바닥에서 시작된 캣스텝과 캣워크가 천장 안쪽 공간의 고양이 전용 생활 공간까지 이어진다. 캣워크 아래에는 개를 위한 화장실 공간이 있고, 여기에서도 개와 고양이의 공간을 상하로 나누어 사용하고 있다.

잠자리

고양이가 안심하는 잠자리 만들기

분위기가 다른 잠자리를 몇 가지 준비합니다.
높은 곳, 둘러싸인 곳, 은신처 같은 곳 등의 장소를 만들면
고양이는 마음 놓고 잠을 잘 수 있습니다.

높고 어두운 곳을 잠자리로 만들어두면
고양이는 평화롭게 잘 수 있다.

캣타워와 결합하면 고양이는 운동을 하면서
잠자리로 이동할 수 있다.

고양이는 정해진 장소가 아니라 그때그때 마음에 드는 곳에서 잡니다. 고양이를 위한 장소가 적은 주택이라면 고양이가 좋아하는 곳을 염두에 두고 잠자리를 만들어줍니다. 높고 전망이 좋은 곳, 직사광선이 들어와서 따뜻한 곳, 깜깜하고 조용한 곳 등 기분과 계절, 시간에 따라 분위기가 다른 공간을 고양이가 자유롭게 선택할 수 있도록 잠자리를 여러 개 준비하는 것이 좋습니다.

높은 장소는 열고 낮은 장소는 닫는다

고양이 잠자리는 설치하는 높이에 따라서 형태와 질을 바꾸면 좋습니다. 캣워크 등 높은 위치에 있는 잠자리는 유사시 사람 손이 닿을 수 있도록 개방형으로 하고, 낮은 위치에 있는 잠자리는 칸막이를 두는 등 폐쇄적인 형태로 합니다. 낮은 위치의 잠자리는 간이 의자나 거실장 등 가구 일부에 포함시키는 것도 하나의 방법입니다.

높은 위치의 잠자리

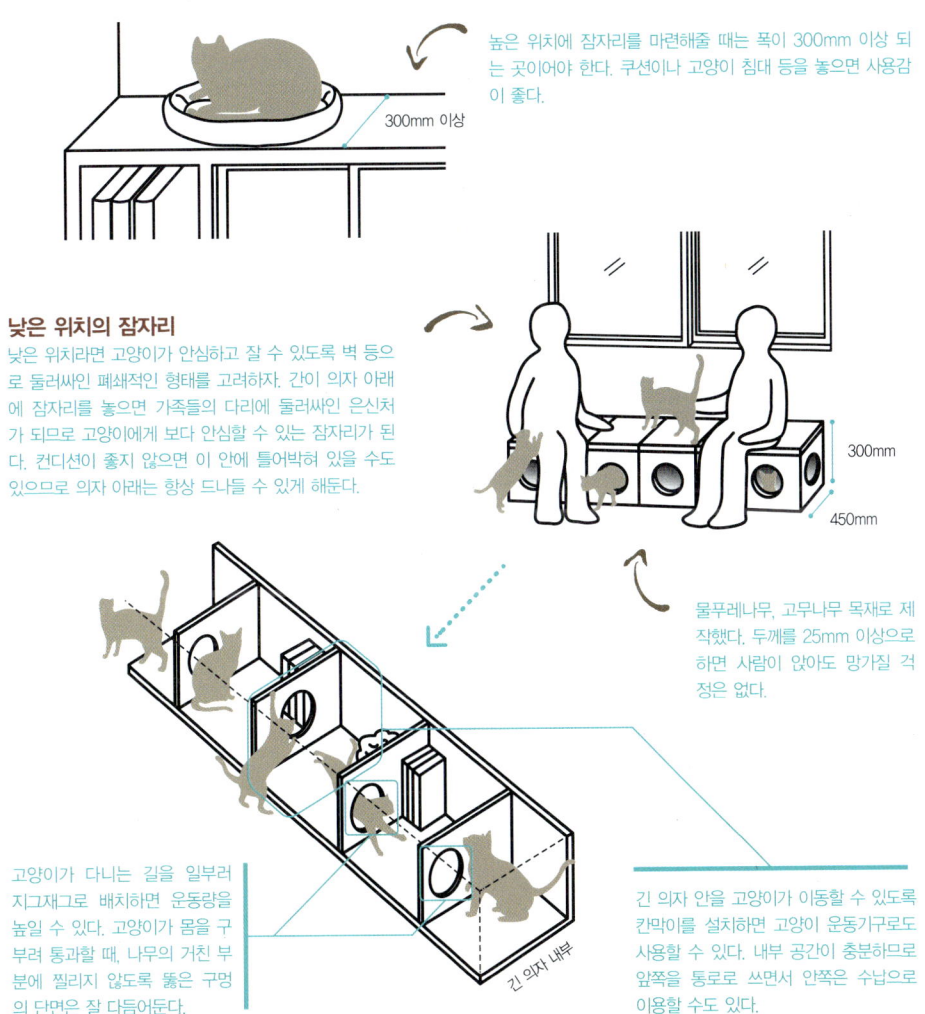

높은 위치에 잠자리를 마련해줄 때는 폭이 300mm 이상 되는 곳이어야 한다. 쿠션이나 고양이 침대 등을 놓으면 사용감이 좋다.

낮은 위치의 잠자리

낮은 위치라면 고양이가 안심하고 잘 수 있도록 벽 등으로 둘러싸인 폐쇄적인 형태를 고려하자. 간이 의자 아래에 잠자리를 놓으면 가족들의 다리에 둘러싸인 은신처가 되므로 고양이에게 보다 안심할 수 있는 잠자리가 된다. 컨디션이 좋지 않으면 이 안에 틀어박혀 있을 수도 있으므로 의자 아래는 항상 드나들 수 있게 해둔다.

물푸레나무, 고무나무 목재로 제작했다. 두께를 25mm 이상으로 하면 사람이 앉아도 망가질 걱정은 없다.

고양이가 다니는 길을 일부러 지그재그로 배치하면 운동량을 높일 수 있다. 고양이가 몸을 구부려 통과할 때, 나무의 거친 부분에 찔리지 않도록 뚫은 구멍의 단면은 잘 다듬어둔다.

긴 의자 안을 고양이가 이동할 수 있도록 칸막이를 설치하면 고양이 운동기구로도 사용할 수 있다. 내부 공간이 충분하므로 앞쪽을 통로로 쓰면서 안쪽은 수납으로 이용할 수도 있다.

천장 공간을 활용해 고양이 잠자리를 만든다

고양이는 높은 곳, 좁은 곳을 좋아합니다. 이 두 가지 성질을 만족시키는 공간이 '천장 잠자리'입니다. 아래 도면에서는 천장 가까이 고양이가 기어서 지나갈 만한 공간을 두고 스프러스(spruce) 원목으로 만든 긴 막대를 격자처럼 깔았습니다. 고양이들은 이 격자 위에서 아래쪽을 엿보면서 그늘에서 사냥감을 노리는 기분을 맛볼 수 있습니다. 또 좁은 곳에 숨을 수 있으므로 적으로부터 몸을 지킬 수 있다고도 여깁니다.

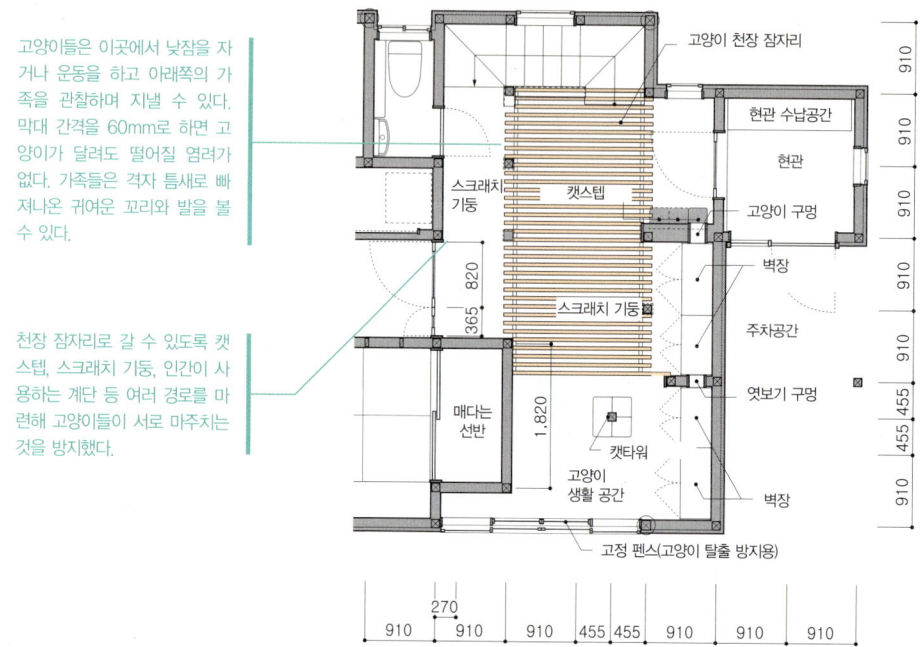

고양이들은 이곳에서 낮잠을 자거나 운동을 하고 아래쪽의 가족을 관찰하며 지낼 수 있다. 막대 간격을 60mm로 하면 고양이가 달려도 떨어질 염려가 없다. 가족들은 격자 틈새로 빠져나온 귀여운 꼬리와 발을 볼 수 있다.

천장 잠자리로 갈 수 있도록 캣스텝, 스크래치 기둥, 인간이 사용하는 계단 등 여러 경로를 마련해 고양이들이 서로 마주치는 것을 방지했다.

고양이 천장 잠자리 평면도 S = 1 : 100

스크래치 기둥도 경로 중 하나로 사용할 수 있는데, 캣스텝에 비해 공간을 많이 차지하지 않는다. 단, 스크래치 기둥만으로는 잘 이동할 수 없는 고양이도 있으므로 캣스텝도 마련해 두는 것이 좋다.

위: 고양이들이 격자 사이로 아래를 내려다볼 수 있어 좋아한다. 사람 역시 어디에 고양이가 있는지 파악할 수 있으므로 안심할 수 있다.

아래: 통풍이 잘되기 때문에 공기가 탁하지 않고 온도도 적당해 느긋하게 잘 수 있다.

계단에 고양이 잠자리를 만든다

옆이 뚫린 열린 형태로 되어 있는 스트립 계단은 각 단이 고양이 공간이 될 수 있습니다. 아래 도면에서는 계단 맨 위쪽 단을 넓혀서 고양이가 생활할 수 있는 공간으로 만들었습니다.

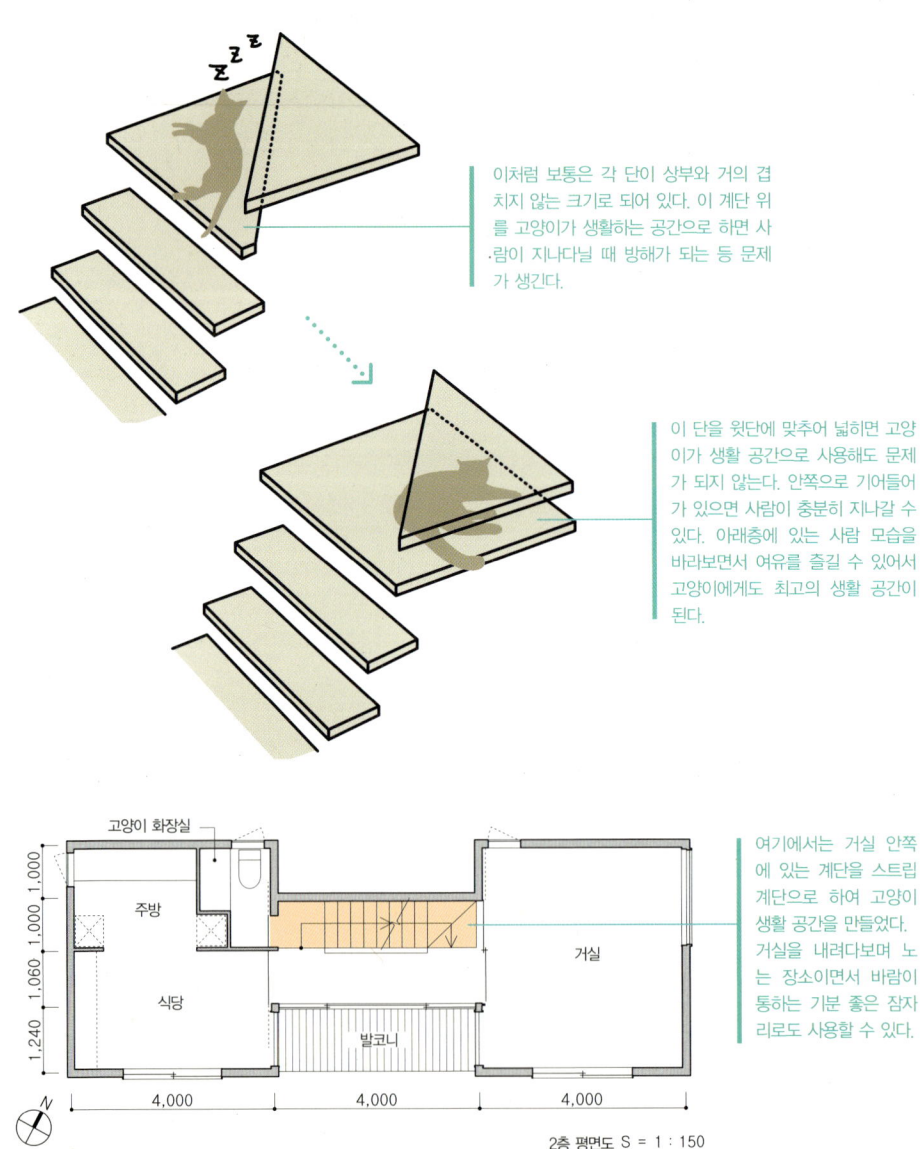

이처럼 보통은 각 단이 상부와 거의 겹치지 않는 크기로 되어 있다. 이 계단 위를 고양이가 생활하는 공간으로 하면 사람이 지나다닐 때 방해가 되는 등 문제가 생긴다.

이 단을 윗단에 맞추어 넓히면 고양이가 생활 공간으로 사용해도 문제가 되지 않는다. 안쪽으로 기어들어가 있으면 사람이 충분히 지나갈 수 있다. 아래층에 있는 사람 모습을 바라보면서 여유를 즐길 수 있어서 고양이에게도 최고의 생활 공간이 된다.

여기에서는 거실 안쪽에 있는 계단을 스트립 계단으로 하여 고양이 생활 공간을 만들었다. 거실을 내려다보며 노는 장소이면서 바람이 통하는 기분 좋은 잠자리로도 사용할 수 있다.

2층 평면도 S = 1 : 150

위: 거실에서 바라본 계단의 모습. 스트립 계단은 모든 단이 고양이 생활 공간이 되지만, 특히 아래를 내려다볼 수 있는 맨 윗단은 가장 인기 있는 장소다.
아래: 거실에 낮은 창을 냈다. 소파 등받이의 높이와 맞춤으로써 고양이가 창문을 통해 경치를 구경하거나 잠을 잘 수 있도록 했다.

시원한 장소와 따뜻한 장소를 만든다

몸이 작은 고양이는 인간 이상으로 더위와 추위에 민감합니다. 여름에는 더위를 피할 수 있도록 통풍이 잘되고, 타일 마감재 같이 차갑고 엎드릴 수 있는 공간을 좋아합니다. 이런 환경이 안 된다면 냉각 시트 등을 준비해 줘야 합니다. 겨울에는 고양이가 자주 머무르는 곳에 따뜻한 물주머니 등을 두면 좋습니다. 전기 카펫은 그 위에서 장시간 잘 경우 저온화상을 입을 수도 있으니 주의합니다.

통풍이 잘되는 장소에 타일 등 차가운 소재를 사용하면 좋다.

창틀 등 냉기가 들어오는 장소를 피해 잠자리를 만든다.

고양이 이동 가방도 잠자리로 활용한다

병원에 가야 할 일이 생겼을 때 이동 가방에 좀처럼 들어가지 않으려는 고양이가 많습니다. 지진 등 재해가 발생했을 때도 고양이를 데리고 나가야 하는데, 놀라서 흥분한 고양이를 진정시켜 가방에 들어가게 하기란 여간한 일이 아니죠. 이동 가방을 평소에도 사용하게 하여 고양이가 생활 공간으로 받아들이면 유사시 가방에 들어가게 하기도 쉽습니다.

수납장 아래를 고양이 이동 가방 보관 장소로 하되, 가방을 열어놓아 고양이가 평소에 사용할 수 있게 한다. 평상시에 사용하면 냄새가 배기 때문에 재해가 일어났을 때 등에도 기분을 다소 안정시킬 수 있다.

Column — 잠자는 자세로 알 수 있는 고양이의 상태와 적정 온도

고양이는 하루 중 약 3분의 2를 자면서 보낸다. 다만, 얕은 수면인 렘수면이 대부분으로 숙면하는 시간은 짧다. 그러나 외부에 적이 없는 집고양이는 야생고양이에 비하면 숙면하는 시간이 길다. 고양이의 잠자는 자세가 어떤 의미를 지니는지 알아두면 잠자리 등에서 정말로 긴장을 풀고 있는지 파악할 수 있다.

몸을 둥글게 만 자세

추울 때 체온을 뺏기지 않도록 웅크리고 자는 자세이다. 꼬리로 코를 덮고 있는 것은 호흡으로 따뜻함을 보존하기 위해서다. 눈이 부실 때 앞발로 눈을 가리는 고양이도 있다. 경계할 때도 기본적으로는 몸을 작게 만들고 잔다. 급소인 배를 보여주지 않는다는 의미가 있다.

발을 접고 웅크린 자세

'식빵 자세'라고도 부른다. 앞다리를 접어서 몸 아래에 받치고 있으므로 금방 도망칠 수 없는 자세로 경계를 풀고 있다고 말할 수 있다. 야생고양이들도 마음을 놓고 있을 때는 식빵 자세로 휴식을 취하는 모습을 볼 수 있다.

↑ 경계·춥다
딱 좋다
안심
방심·덥다 ↓

다리를 펴고 누운 자세

몸의 측면을 바닥에 딱 밀착시키고 앞다리와 뒷다리를 내던지듯이 하고 자는 모습. 이때 고양이의 체감 온도는 너무 덥지도 너무 춥지도 않다. 배를 노출시키고 잘 정도는 아니지만 안심하고 있는 상태. 경계심이 강한 고양이는 다리를 쭉 뻗고 자더라도 머리를 앞다리 위에 올려 곧바로 주위를 확인할 수 있는 자세로 잔다. 머리의 위치가 높을수록 경계하고 있다는 증거다.

배를 드러낸 자세

집에서 키우는 고양이에게서만 볼 수 있는 모습으로 완전히 마음을 놓은 자세다. 급소인 배를 보일 정도로 느긋함을 보여준다. 방 안이 더울 때도 몸을 펼쳐서 몸의 열을 발산시키려고 하는 경향이 있다.

| 고양이 화장실 ① |

배설환경에 민감한 고양이 이해하기

고양이 화장실은 사람이 배설 상황을 확인할 수 있도록
지나치게 후미진 곳을 피해 설치합니다.
무엇보다 고양이가 안심하고 배설할 수 있는 환경이어야 합니다.

고양이가 배설 행위를 잘 하는지 확인한다. 배설 후에는 곧바로 청소해 청결을 유지한다.

고양이에게 맞는 적절한 크기의 화장실을 고른다.

고양이가 마음에 들어 하는 모래를 고른다. 여러 종류를 시도해보는 것이 좋다.

　　고양이 화장실은 사람이 지나다니는 장소에 설치합니다. 그래야 고양이가 화장실에 배설했는지를 가족이 일상생활 동선에서 체크할 수 있고, 배설물을 효과적으로 처리할 수 있습니다. 고양이는 깨끗한 것을 좋아하는 동물입니다. 청소를 깜빡해서 화장실이 비위생적이라면, 배설을 참다 비뇨기계 병에 걸리거나 화장실 이외의 장소에서 배설하기도 합니다.

평소와 다른 행동은 불만의 표시일 수도 있다

가족은 고양이가 배설하기 쉬운 환경을 만들어주어야 합니다. 고양이의 배설 행위를 관찰하면 공통된 흐름이 있습니다. 첫째, 배설하는 장소의 냄새를 맡습니다. 둘째, 흙이나 모래를 가볍게 파거나 헤친 뒤 웅크린 자세로 배설합니다. 셋째, 앞다리로 흙이나 모래를 뿌려서 배설물을 숨기고 냄새를 지웁니다. 만약 이런 흐름과 다른 행동을 취한다면 화장실에 뭔가 불만을 느끼고 있는 것입니다. 예를 들어 화장실 부근의 벽이나 바닥을 긁는 행동을 하면 화장실에 불만이 있다는 표시입니다.

고양이가 화장실을 사용할 때 놀라게 하면 스트레스를 느끼므로 절대 피해야 한다.

① 우선 화장실 냄새를 맡고 상태를 확인하고 모래를 판다. 대변일 때는 목표를 정한 후에 엉덩이를 아래로 향하게 해 배설 자세를 취한다.

화장실 가장자리에 앞다리와 뒷다리를 나란히 걸치는 경우도 있다.

② 배설 자세는 등을 둥글게 하고 복압을 높여서 배에 힘을 준다. 항문 주위가 더러워지지 않도록 꼬리를 높게 들어 올린다.

모래를 뿌린 곳에 다시 얼굴을 가까이 대고 냄새를 맡아본 후 모래가 덜 뿌려진 곳에 모래를 몇 번이고 더 뿌린다.

③ 대변 냄새를 맡으면서 앞다리로 꼼꼼히 모래를 뿌린다. 도중에 모래 뿌리기를 중단하고, 대변에 모래를 제대로 뿌렸는지 체크한다.

고양이가 좋아하는 화장실 조건을 갖춘다

설치 개수
화장실이 여러 개 있으면 여러 종류의 모래를 실험해보면서 어느 모래를 마음에 들어 하는지 알아보기 쉽습니다.

야간이나 가족이 오래 집을 비울 때는 화장실 청소가 밀리게 된다. 이런 상황을 최소화하려면 '고양이 마릿 수+1개'의 화장실을 준비해 두는 것이 이상적이다.

크기
고양이의 크기와도 관계가 있지만, 고양이가 화장실 안에서 빙글 돌 수 있을 정도의 크기(한 변의 길이가 고양이 몸길이의 1.5배 이상)가 필요합니다. 깊이는 고양이가 배설 후에 모래를 뿌려도 튀지 않을 정도가 좋습니다.

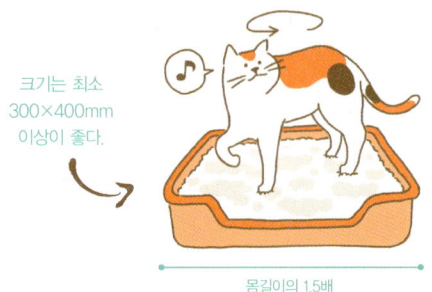

크기는 최소 300×400mm 이상이 좋다.

몸길이의 1.5배

형태
평판형과 후드형이 있습니다. 평판형의 경우 배설하는 고양이를 관찰하기가 쉽고, 배설물의 상태를 즉시 확인할 수 있는 장점이 있습니다. 후드형의 경우 고양이에게 안심하고 배설할 수 있는 안정적 환경을 제공할 수 있습니다.

자연과 가까운 감촉을 내기 위해서 천연 상태에 가까운 광물계 모래를 추천한다. 모래의 깊이는 최저 50mm는 되어야 한다.

50mm 이상

모래 종류
고양이에게는 각자 좋아하는 감촉의 모래가 따로 있습니다. 다양한 모래가 판매되고 있으니 좋아하는 감촉을 찾을 때까지 바꿔보는 것도 좋습니다.

화장실 테두리 높이는 고양이가 간단히 타고 넘을 수 있는 정도가 좋다. 고양이 나이와 건강 상태를 볼 때 너무 높다면 입구 쪽에 딛고 올라갈 물건을 두어도 좋다.

고양이가 싫어하는 화장실 위치는 피한다

물건이 어지럽게 놓여 있는 장소에 화장실을 두면 고양이는 마음 편히 배설할 수 없습니다. 또 사람이 화장실 청소를 하기도 어려워지기 때문에 가능한 한 깔끔히 정리된 장소에 설치하는 것이 좋습니다. 방 한쪽 구석 등 눈에 보이면서도 너무 개방적이지 않은 장소가 고양이에게 마음이 편한 장소입니다. 또 고양이는 변화를 싫어하는 동물이기 때문에 한번 장소를 정하면 문제 행동이 없는 한 옮기지 않는 것이 좋습니다.

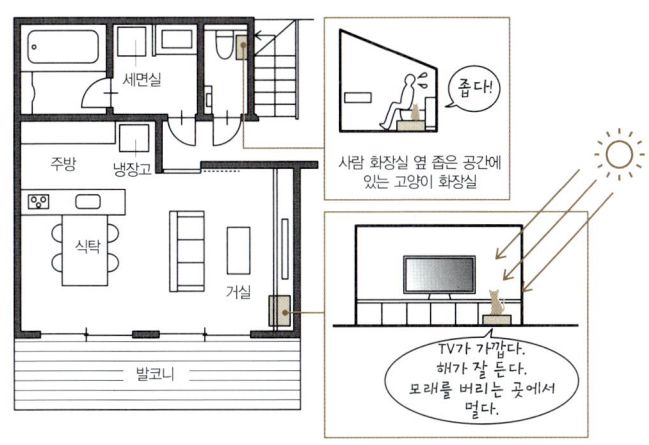

다른 고양이가 자신의 배설 행위를 보는 것도 스트레스의 원인이 된다.

식사 공간 옆

아주 옛날, 고양이의 선조는 단독 생활을 했습니다. 적에게 은신처를 들키지 않도록 자기 냄새를 남기지 않는 것이 중요했죠. 이것이 고양이의 본능으로 남아 있기 때문에 항상 냄새가 남는 식사 공간과 강한 냄새가 남는 화장실은 분리하는 것이 좋습니다. 가족의 작은 배려가 고양이의 스트레스를 크게 줄여줄 수 있습니다.

관찰하기 쉬운 장소

F.L.U.T.D.(고양이 하부 요로 질환)와 같은 병의 원인 중 의외로 많은 것이 '배뇨 시에 누군가가 물끄러미 쳐다보아서 생기는 배뇨 곤란' 입니다. 동물은 배설 행위를 들키는 것에 불안을 느낍니다. 사람이 배뇨 행위를 관찰하면 고양이는 불안감을 느끼고, 빈뇨를 일으키며, 성격까지 신경질적으로 변하기도 합니다.

| 고양이 화장실 ② |

화장실 설치 장소 정하기

고양이 화장실 냄새와 모래로 주거환경이 망가지지 않고
사람이 돌보기 쉬운 위치에 마련합니다.
수시로 관리해줘야 고양이가 마음 놓고 쾌적하게 사용할 수 있습니다.

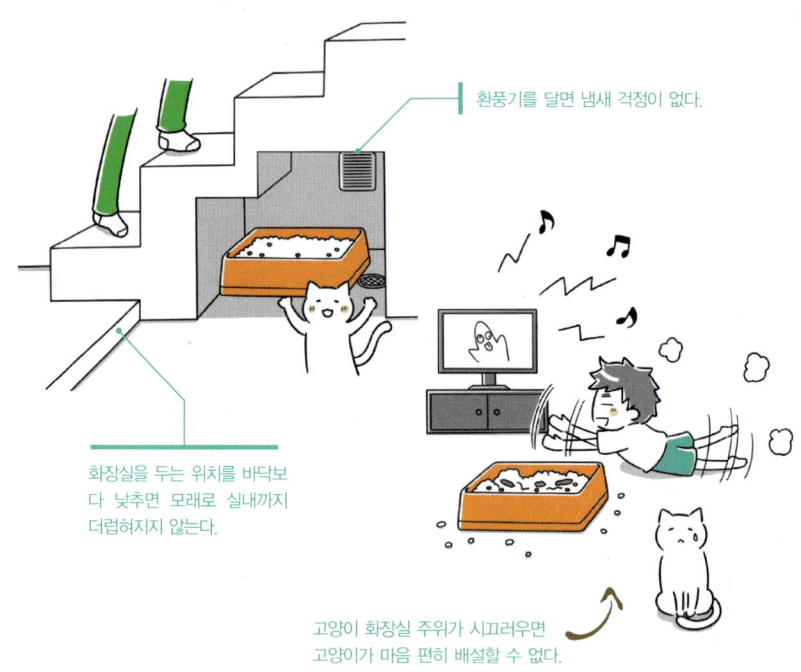

환풍기를 달면 냄새 걱정이 없다.

화장실을 두는 위치를 바닥보다 낮추면 모래로 실내까지 더럽혀지지 않는다.

고양이 화장실 주위가 시끄러우면 고양이가 마음 편히 배설할 수 없다.

고양이는 원래 깨끗한 것을 좋아해서 사람과 생활하기에 딱 맞는 동물입니다. 단, 배설물을 숨길 때 모래를 발로 파는 습성이 있는데 너무 세게 해서 실내까지 더럽히는 일도 있죠. 배설물과 어질러진 모래를 청소하는 일은 힘들기 마련인데, 고양이 화장실을 두는 장소를 좀더 연구하면 수고를 많이 덜 수 있습니다.

고양이 화장실 냄새가 실내에 퍼지지 않는 장소를 찾는다

고양이 화장실은 배설물을 처리한 후에도, 또 아무리 탈취 성능이 좋은 모래를 사용하더라도 냄새가 남습니다. 그러므로 실내 공기 흐름을 파악해 냄새가 실내로 퍼지지 않는 위치에 설치하는 것이 좋습니다. 단, 바닥에 물기가 있는 공간은 고양이가 싫어하니 피해야 합니다.

환기팬과 배기구가 있는 곳에 설치한다

기본적으로 주택은 방과 거실 등에 있는 창문으로 공기를 받아들이고 욕실에 있는 24시간 환기팬과 세면실·화장실 등에 설치한 배기구로 공기를 배출합니다. 이처럼 공기를 배출하는 장소에 고양이 화장실을 설치하면 냄새가 남지 않습니다.

실외의 신선한 공기는 집 안 여러 곳에 있는 창을 통해 실내로 들어온다. 창문 부근에 고양이 화장실을 두는 경우가 많은데 이 장소에 두면 냄새가 실내로 퍼지게 된다. 주방이나 거실 등에 설치할 때는 세면실 등에 가깝게, 창문에서 먼 쪽에 두면 좋다.

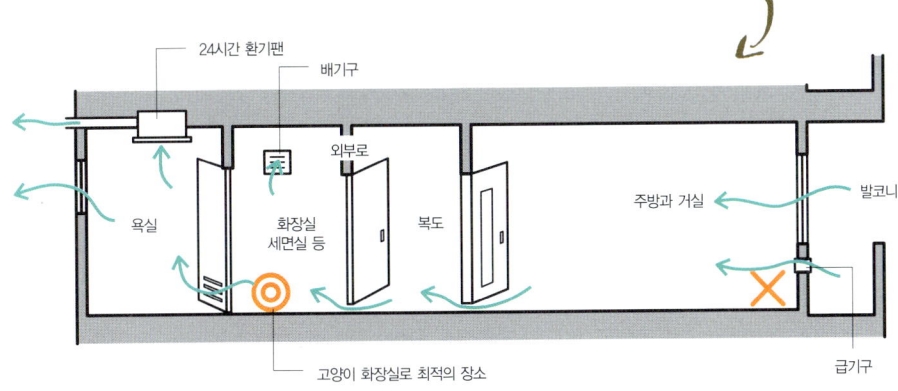

실내 깊숙한 위치에 설치한다면 환기구를 뚫어 냄새를 빼낸다

실내 깊은 위치에 고양이 화장실을 설치할 때는 냄새가 빠져나가기 어려워 벽지 등에 배기 쉽습니다. 이럴 때는 세면실과 화장실 등으로 공기가 빠지도록 공기가 통하는 구멍을 뚫습니다.

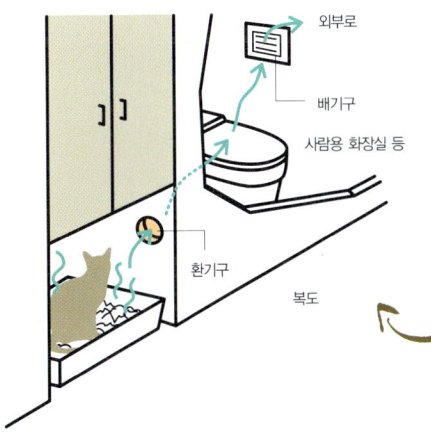

세면실 등 배기구가 있는 공간 옆에 고양이 화장실을 설치할 때는 그 사이의 벽에 구멍을 낸다. 암모니아 냄새는 위로 올라가기 때문에 통기구는 고양이 화장실보다 위쪽에 만드는 것이 좋다.

세면실에 고양이 화장실을 설치한다

고양이 화장실을 세면실 겸 화장실에 설치하면 환기가 쉽고 청소도 쉬워져 청결을 유지할 수 있습니다. 고양이가 마음 편히 배설할 수 있도록 하기 위해서만이 아니라 세면실을 깔끔하게 보이기 위해서도 테이블 아래 등 별로 눈에 띄지 않는 위치에 설치하면 좋습니다. 이때는 세제와 비누 등을 모두 수납장 안에 넣고 사용할 때마다 꺼내 쓰도록 합니다.

고양이 화장실 위쪽으로 냄새를 확산시키지 않기 위해서라도 반드시 전용 환기 팬을 설치한다. 고양이용 환기 팬이 사람의 배설물 냄새도 없애준다.

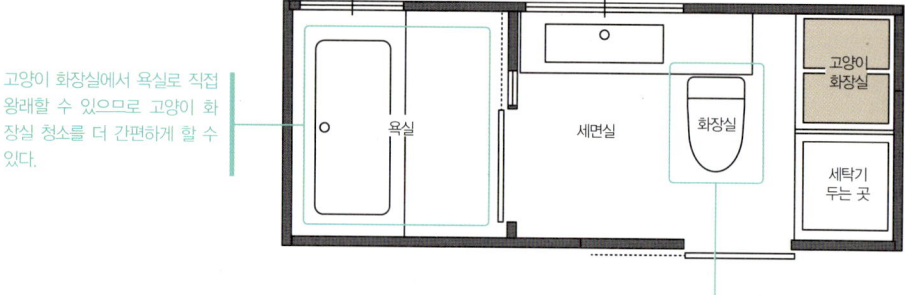

고양이 화장실에서 욕실로 직접 왕래할 수 있으므로 고양이 화장실 청소를 더 간편하게 할 수 있다.

사람용 화장실 옆에 충분한 면적을 확보해 고양이 화장실을 설치한다. 모래에 따라 고양이 배설물을 그대로 변기에 버릴 수도 있어 배설물 처리까지 간단해진다.

수납장 아랫부분에 눈에 띄지 않도록 설치한 고양이 화장실. 설치 장소를 여유롭게 확보해 고양이가 마음 편히 배설할 수 있고 청소도 하기 쉽다. 위쪽으로는 고양이 모래 등 화장실 용품을 두는 곳으로 활용한다.

고양이 식사대와 화장실을 조합한다

고양이 화장실과 물 마시는 곳이 있는 식사대를 상하로 결합하면, 공간을 효율적으로 활용할 수 있고 관리도 한꺼번에 할 수 있어서 좋습니다. 이 고양이 식사공간에 이르는 경로는 두 종류 이상 준비합니다. 경로가 하나밖에 없으면 그 길을 점령해버리는 고양이가 생겨 다른 고양이들이 스트레스를 받을 수 있기 때문입니다.

고양이 식사 공간은 고양이 화장실 쪽 방수 팬 설치 공간과 같은 치수로 하면 부자재를 구입할 때도 시공을 할 때도 훨씬 도움이 된다.

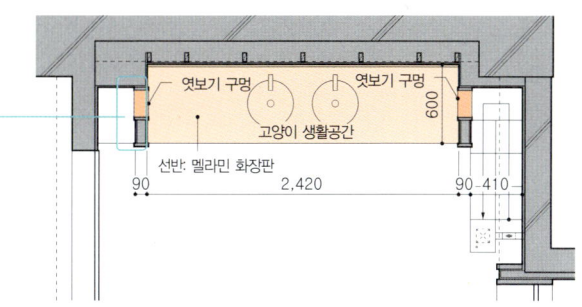

고양이 생활공간 평면도 S = 1 : 60

배설 냄새가 신경 쓰이지 않도록 화장실 바로 옆에 24시간 환기 팬을 설치한다.

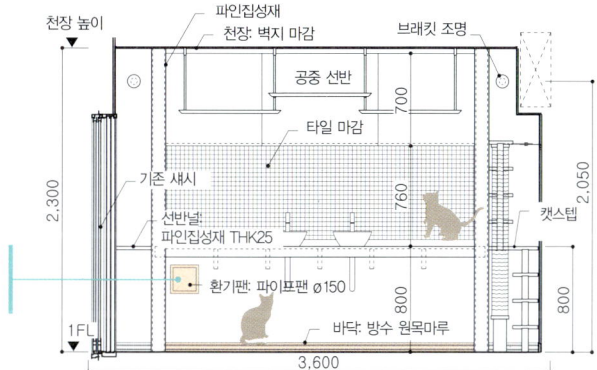

고양이 생활공간 전개도 S = 1 : 60

벽에 고양이 통로를 만들어 물 마시는 곳과 연결했다. 고양이 통로는 목재로 튼튼히 마감해서 잘 망가지지 않고 고양이도 다치지 않게 했다.

나무소재의 바닥에 멜라민 방수 코팅판을 매립하였다. 바닥보다 50mm 낮게 하면, 모래가 사방에 퍼지지 않고 미관도 좋아진다.

| Column | 고양이 모래, 어떤 것이 좋을까? |

고양이를 실내에서 키우는 사람이 많아지면서 탈취 효과가 있는 것과 변기에 넣어 버릴 수 있는 것 등 다양한 모래가 개발·판매되고 있다. 마음에 들지 않으면 사용하지 않는 고양이도 있고, 한번 익숙해진 것 외에는 사용하지 않는 고양이도 있다. 모래를 바꿀 때는 고양이의 배설 상황을 자주 관찰하고 불만이 없는지를 파악하자.

	원료	특징	장점	탈취 효과	무게
광물계	점토광물·벤토나이트 등	천연 모래에 가장 가까운 촉감. 주로 '벤토나이트'라는 화산재와 광물 점토로 만들어져서 배설물과 만나면 잘 굳는다.	쉽게 굳어서 청소하기 쉽다. 자연 모래에 가까워서 고양이가 좋아한다.	있다.	무겁다.
목재계	노송나무·톱밥 등	종이 정도는 아니지만 가볍고 다루기 쉬운 모래. 노송나무와 천연나무의 향이 있어 냄새 제거 효과도 좋다. 반대로 노송나무 향을 싫어하는 사람에게는 맞지 않는다. 굳는 형태, 굳지 않는 형태, 목재+광물 형태가 있다.	분말화되기 쉽고 흡수력이 높다. 친환경적이다.	상당히 있다.	약간 가볍다.
식품계	비지·옥수수 등	비지 냄새는 별로 나지 않는다. 소변을 확실히 굳게 한다. 냄새 제거 효과도 있다. 종류에 따라서는 변기에 흘려보낼 수도 있어서 다루기 쉽다. 입자가 곱고 무거운 형태, 가운데가 비어 있는 가벼운 형태 등이 있다.	고양이가 먹어도 문제없다. 흙으로 환원된다. 변기에 흘려보낼 수 있다.	있다.	무겁다.
실리카젤계	실리카젤	시스템 화장실이라고 불리는 디딤판과 트레이가 있는 형태의 고양이 화장실에서 사용되는 모래. 수분만 흡수하기 때문에 다른 모래처럼 화장실을 사용할 때마다 매번 청소할 필요가 없다.	소변을 볼 때마다 모래를 버리거나 모래를 첨가할 필요가 없다.	상당히 있다.	가볍다.
종이계	펄프·재생펄프	원료가 펄프와 재생펄프이기 때문에 매우 가벼워 모래를 갈아줄 때 편하다. 소변을 본 부분만 색이 바뀌어 굳는 형태의 제품은 색이 바뀌기 때문에 어디에 소변을 보았는지 알기 쉽다. 굳는 형태, 굳지 않는 형태의 제품은 있고 녹차 성분과 허브 등이 첨가된 형태도 있다.	흡수성이 뛰어나다. 변기에 흘려보낼 수 있다. 흰색 모래라면 소변 색이 바뀌기 때문에 고양이의 컨디션 변화를 알기 쉽다.	약간 있다.	가볍다.

Part 3

고양이 지식,
이건 꼭 알아두기

고양이 몸

너무나 신기한 고양이의 몸

고양이가 느끼는 세계는 인간이 느끼는 세계와는 크게 다릅니다. 그 때문에 사람의 판단으로는 괜찮을 것이라고 한 배려가 정작 고양이에게는 좋지 않은 일인 경우도 많습니다. 여기서는 고양이의 몸 구조를 소개합니다. 고양이가 느끼는 세계를 알면 고양이와 접촉하는 방법, 고양이의 거주 환경을 개선할 방법에 대해서도 더 잘 알게 될 것입니다. 사랑하는 고양이에게 쾌적하고 안전한 생활을 선사하기 위해 꼭 필요한 지식을 소개합니다.

고양이의 몸, 골격과 내부 장기 구조

고양이의 골격은 치타 등 다른 고양잇과 동물과 거의 같습니다. 사냥감을 재빨리 잡을 수 있는 몸으로, 4개의 다리가 있고 어깨뼈가 세로로 펼쳐져 있는 등 인간과는 크게 다릅니다. 한편 내부 장기는 같은 포유류이기 때문에 인간과 거의 같은 구조로 되어 있습니다.

등뼈와 관절
고양이 몸이 잘 늘어나는 것은 뼈와 뼈를 잇는 관절이 최소 약 0.5mm에서 최대 10mm 정도까지 고무줄처럼 늘어나기 때문. 골격의 모든 관절이 늘어나면 몸길이가 20~30% 정도 길어진다.

신장
고양이는 본래 건조한 지역에서 살았던 동물로 몸에 지닌 수분을 체외로 그다지 배출하지 않는다. 이 때문에 신장병을 앓기 쉽다. 갑자기 물을 마시는 양이 늘었다거나 식욕이 없어졌다거나 하는 증상이 보이면 즉시 동물병원으로 데리고 가야 한다.

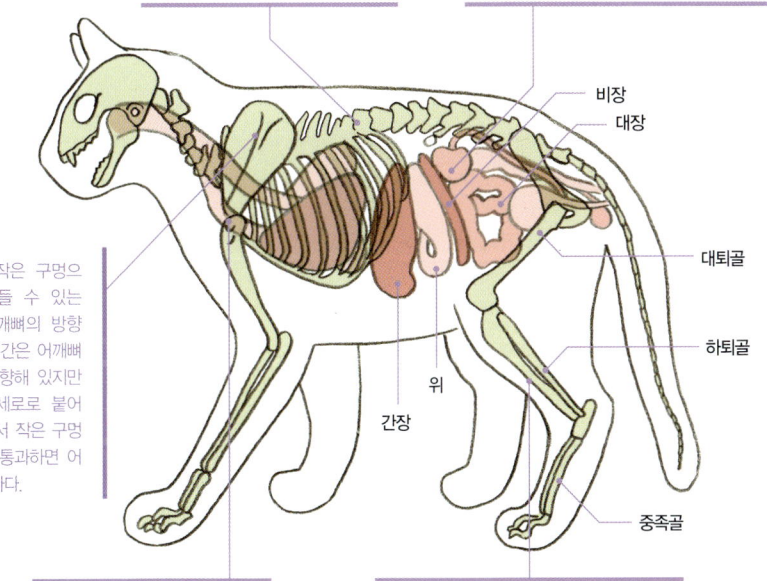

견갑골
고양이가 작은 구멍으로도 드나들 수 있는 비밀은 어깨뼈의 방향에 있다. 인간은 어깨뼈가 가로로 향해 있지만 고양이는 세로로 붙어 있다. 그래서 작은 구멍도 머리만 통과하면 어깨도 가능하다.

쇄골
고양이는 개와는 달리 작긴 하지만 쇄골이 있기 때문에 앞다리를 상하만이 아니라 좌우로도 움직일 수 있다.

다리
고양이의 뒷다리는 대퇴골, 하퇴골(경골과 비골로 이루어져 있다), 중족골로 이루어져 있고 S자처럼 연결되어 있다. 보통 다리를 구부린 자세를 취하고 있으므로 도움닫기 없이도 높이 뛸 수 있다. 인간은 점프를 하려고 하면 그 전에 다리를 구부려 힘을 싣지만 고양이는 항상 다리를 구부리고 있어서 언제라도 점프할 수 있는 상태다.

어두운 곳에서도 잘 보는 고양이 눈의 비밀

고양이는 야행성 동물로 어두운 곳을 보는 암시(暗視) 능력이 인간의 6배 이상이라고 합니다. 인간보다도 뛰어난 능력을 갖추고 있는 것은 각막 구조와 시각세포의 종류 등에 그 이유가 있습니다.

각막의 크기가 인간의 2배 이상
뛰어난 암시 능력의 비밀 중 하나는 각막에 있다. 각막은 빛을 모으는 역할을 하는데, 크고 튀어나와 있는 만큼 빛을 더 잘 모을 수 있다. 인간은 섬유막(각막과 공막을 합쳐 '섬유막'이라고 한다) 중 각막이 약 15%밖에 없는 반면, 고양이는 약 30%를 차지한다. 그래서 어두워도 얼마 되지 않는 빛을 포착해 주위를 잘 볼 수 있다.

가까운 것은 잘 보지 못한다
고양이든 인간이든 멀리 있는 것을 볼 때는 수정체가 늘어나서 얇아지고, 가까이 있는 것을 볼 때는 수정체가 두꺼워진다. 이 수정체의 모양은 모양체근의 신축 작용에 따라서 바뀌는데, 평소에는 모양체근이 늘어나서 수정체가 얇아지고 가까운 것을 볼 때는 모양체근이 수축한다. 고양이는 인간보다 모양체근이 발달하지 않았기 때문에 가까운 것을 보는 데 서툴러서 흐릿하게만 볼 수 있다.

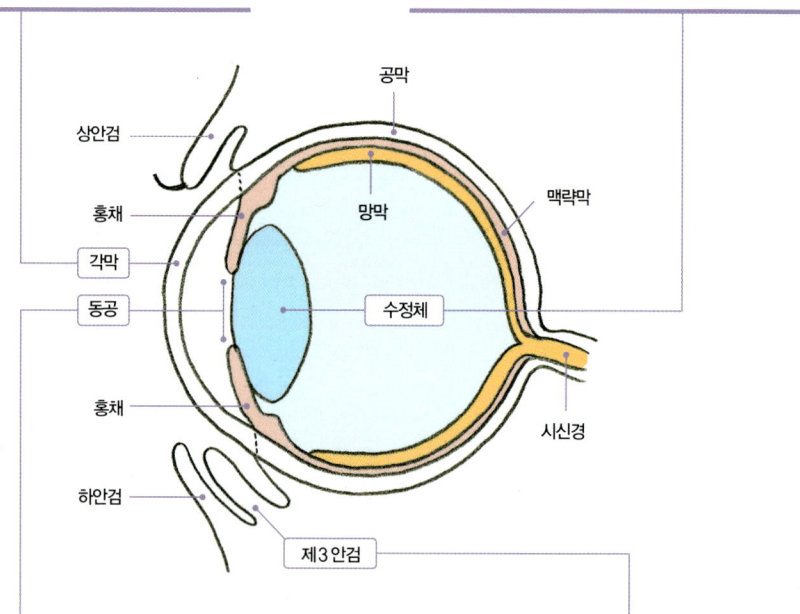

동공은 감정을 나타내기도 한다
고양이도 인간과 마찬가지로 홍채를 길게 하거나 짧게 하여 동공의 크기를 바꾸고 빛의 양을 조절한다. 즉, 밝은 곳에서는 동공을 작게 하고 어두운 곳에서는 동공을 크게 한다. 고양이의 동공 크기는 명암만이 아니라 정신 상태에 의해서도 좌우되기 때문에 고양이의 감정을 이해하는 데 중요한 실마리가 된다. 분노나 공포를 느끼고 있다면 밝은 낮에도 동공이 커진다.

제3의 눈꺼풀로 각막을 철저히 보호한다
고양이에게는 위아래 눈꺼풀 외에 눈꺼풀이 하나 더 있다. 그것을 '제3눈꺼풀(제3안검)'이라고 한다. 얇은 반투명 막인데 눈꺼풀 내측에 있어서 겉으로 보이지는 않고 자고 있을 때 감긴다. 제3 눈꺼풀 역시 다른 눈꺼풀과 같은 역할을 한다. 뜨고 감는 동작을 통해 각막을 촉촉하게 하고 각막의 이물질을 제거하기도 한다.

인간과는 다른 색의 세계

각막에는 빛을 신경에 전달하는 시각세포가 있는데, 명암을 느끼는 '간상세포(간상체)'와 색을 식별하는 '원추세포(추상체)' 두 가지로 나눌 수 있습니다. 고양이는 인간과 비교하면 간상체가 많아서 어두운 곳에서도 사물을 볼 수 있습니다. 그에 비해 추상체는 인간보다 적기 때문에 색은 별로 식별할 수 없다고 추정됩니다. 추상체에는 빛의 3원색인 빨강·초록·파랑을 식별하는 세포가 있습니다. 인간에게는 모든 세포가 있어서 색을 정확하게 인식할 수 있지만, 고양이는 빨강을 느끼는 추상체는 가지고 있지 않으며 파랑·초록으로 만들어진 범위에서 색을 인식합니다.

반사판으로 빛을 2배 이상 감지한다

망막 안에는 '반사판(tapetum lucidum)'이라고 불리는 거울과 같은 부위가 있습니다. 망막을 통과한 빛이 반사판에 반사되어 다시 망막의 시각세포(간상체)에 도달하기 때문에 적은 빛으로도 민감하게 감지할 수 있습니다. 어두운 곳에서 고양이의 눈이 빛나는 것은 빛이 반사판에 반사되어 시각세포 사이를 빠져나오면서 일어나는 현상입니다.

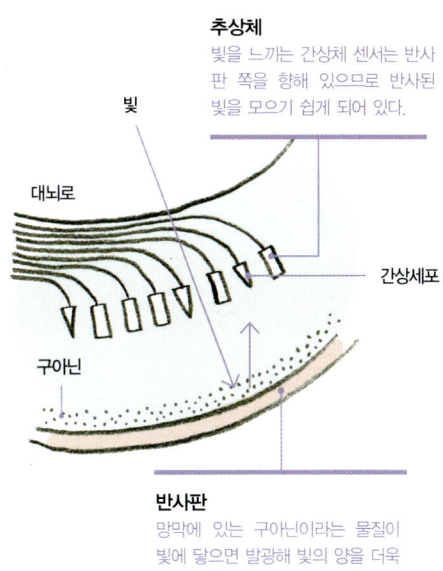

추상체
빛을 느끼는 간상체 센서는 반사판 쪽을 향해 있으므로 반사된 빛을 모으기 쉽게 되어 있다.

반사판
망막에 있는 구아닌이라는 물질이 빛에 닿으면 발광해 빛의 양을 더욱 증폭시킨다.

인간보다 넓은 시야

고양이 눈은 말과 같은 초식동물보다 얼굴의 앞쪽에 있어서 양쪽 눈으로 130° 정도를 볼 수 있습니다. 양쪽 눈으로 볼 수 있으면 그 대상까지의 거리도 잴 수 있으므로 수렵 등을 할 때 먹잇감을 정확하게 잡을 수 있습니다. 애완동물이 된 지금도 그 능력은 변하지 않았습니다. 한쪽 눈으로 볼 수 있는 범위(전체 시야)가 290° 정도인데요, 인간이 200° 정도이므로 고양이가 더 넓은 범위를 볼 수 있습니다.

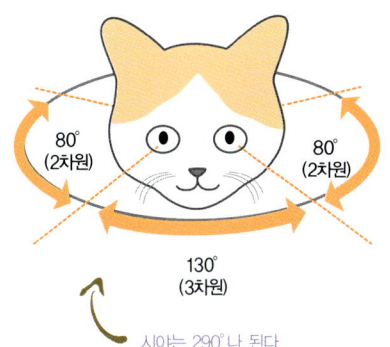

시야는 290°나 된다

고양이 코의 비밀, 후각이 인간의 20만 배

고양이와 인간은 냄새를 느끼는 구조가 같습니다. 코의 피부에 있는 후각세포로 냄새의 원인을 받아들여 전기신호로 바꿔 뇌에 전달합니다. 그러나 고양이와 인간은 후각세포 수가 다른데, 고양이의 후각세포는 인간의 20~30만 배나 된다고 합니다.

점막 면적이 넓은 고양이 코

고양이 코는 앞으로 돌출되어 있어서 후각세포가 있는 코의 점막인 '후각상피' 부위가 인간보다 훨씬 넓습니다. 인간은 3~4㎠인데 고양이는 21㎠ 정도나 됩니다. 후각세포의 수도 인간이 500만 개인 데 비해 고양이는 6,000~7,000만 개나 있어 인간보다 훨씬 뛰어난 후각을 가지고 있습니다. 그래서 고양이는 향이 강한 것을 싫어합니다. 고양이와 함께 있는 공간에서는 진한 향의 향수와 아로마 등을 되도록 사용하지 않는 것이 좋겠죠.

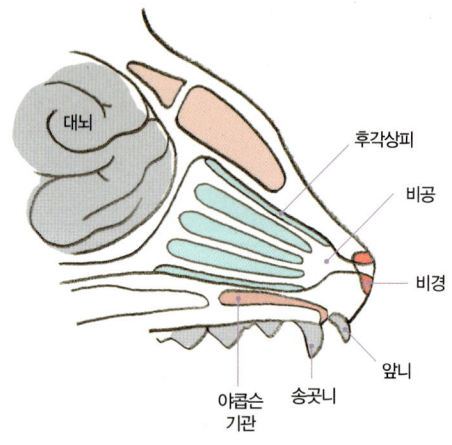

입을 반쯤 벌린 묘한 표정은?

고양이는 위턱에 있는 '야콥슨기관'이라는 한 쌍의 봉투 모양 기관으로 페로몬을 감지할 수 있습니다. 이 기관을 공기에 노출시킬 때 페로몬을 감지하기 쉬운데, 간혹 고양이가 입을 반쯤 벌리고 웃는 듯 또는 놀란 듯 기묘한 표정을 짓는 걸 본 적이 있을 것입니다. 이를 '플레멘 반응'이라고 하며, 페로몬을 감지하기 위한 행동입니다.

얼굴에 비해 큰 코의 표면

T자형을 한 고양이의 코 표면은 '비경'이라고 하는데 작은 요철이 있습니다. 요철이 있는 표면에 냄새의 근원과 페로몬 입자가 모입니다. 요철이 있어서 표면적도 커지고 냄새가 모이기 쉬워집니다.

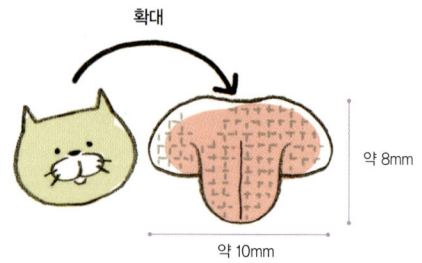

맛은 물론, 그 이외의 것도 느끼는 고양이 혀의 비밀

고양이 혀에는 '사상유두'라고 불리는 가늘고 거칠거칠한 돌기가 밀집되어 있습니다. 사냥감의 고기를 뼈에서 발라내고, 물을 마실 때 퍼 올리는 역할을 합니다. 또 고양이에게 중요한 일 중 하나인 털 고르기(그루밍)를 할 때 브러시 역할을 하는 등 생활하는 데 중요한 많은 일을 담당합니다.

고기를 발라낸다
사료만 먹는 집고양이에게는 혀를 이렇게 사용할 기회가 그다지 없지만, 뼈에 붙은 고기를 발라내는 포크와 같은 역할을 한다.

털을 고른다
틈만 나면 털 고르기를 하는 고양이에게 혀의 돌기는 브러시로도 사용된다. 빠진 털을 잡아내고 털에 묻은 먼지나 이물질을 떼어낸다.

물을 퍼 올린다
개는 혀의 아래 안쪽으로 말아서 물을 퍼 올려 마시지만, 고양이는 돌기(사상유두)로 물을 당겨서 혀의 상하 운동만으로 마신다. 돌기가 위로 향해 있으므로 가능하다.

털 고르기는 전신의 감각을 민감하게 하는 방한·냉각 등의 역할 이외에 정신을 안정시키는 역할(이를 '전위행동'이라고 한다)도 한다.

고양이에게 미각이 있을까?

고양이는 뛰어난 후각으로 먹이 상태를 판단하지만 맛은 잘 느끼지 못합니다. 혀의 표면에 있는 미각을 느끼는 세포가 인간보다 10% 정도 적기 때문입니다. 그러나 인간과 마찬가지로 혀의 부위마다 단맛과 쓴맛, 신맛 등을 느낄 수 있습니다.

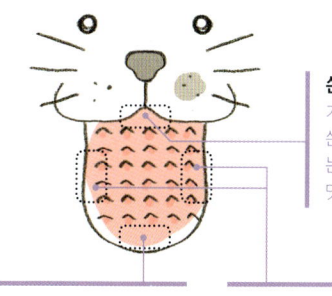

쓴맛
가장 목에 가까운 부분은 쓴맛을 느낀다. 독이 있는 것을 먹지 않도록 쓴맛에 민감하다.

단맛·짠맛 등
혀의 앞부분은 단맛과 짠맛을 느끼지만, 둔감하다. 고양이에게는 먹을 수 있는지 없는지가 중요하기 때문에 별로 발달하지 않은 곳이다.

신맛
혀의 좌우는 신맛을 느낀다. 먹을 것이 상했는지를 감지하기 위해 신맛에 가장 민감하다.

고음역에 능숙한 고양이 귀의 비밀

고양이는 인간보다 들을 수 있는 소리의 범위가 넓습니다. 인간은 2만Hz까지인 데 비해 고양이는 6만 5,000Hz로 3배 높은 음까지 들을 수 있습니다. 이것은 쥐와 곤충 등이 내는 소리 음역과 겹치기 때문에 예전에는 여기에 의존해 쥐를 잡는 사냥이 가능했습니다. 귀의 구조는 외이·중이·내이로 나뉘어 있어 인간과 같습니다. 그런데 신경이 인간보다 많아서 약 4만 개가 있고(인간은 약 3만 개), 소리를 모으는 '귓바퀴'의 근육이 발달해 있어 고양이의 청력은 인간보다 훨씬 뛰어납니다.

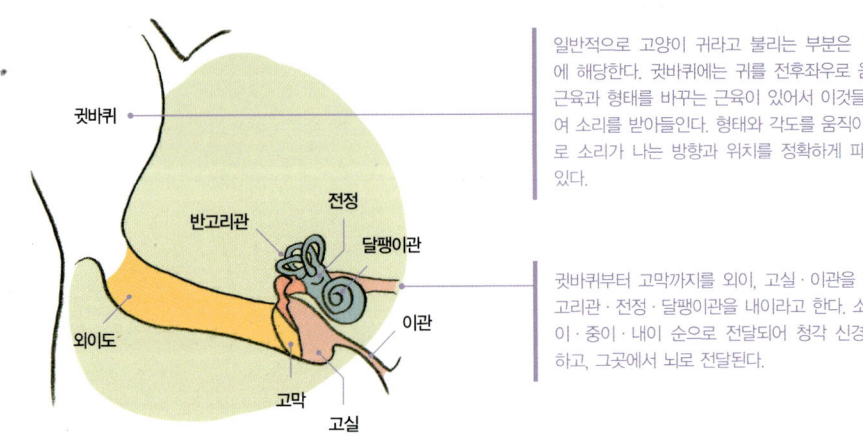

일반적으로 고양이 귀라고 불리는 부분은 '귓바퀴'에 해당한다. 귓바퀴에는 귀를 전후좌우로 움직이는 근육과 형태를 바꾸는 근육이 있어서 이것들을 움직여 소리를 받아들인다. 형태와 각도를 움직이는 것으로 소리가 나는 방향과 위치를 정확하게 파악할 수 있다.

귓바퀴부터 고막까지를 외이, 고실·이관을 중이, 반고리관·전정·달팽이관을 내이라고 한다. 소리는 외이·중이·내이 순으로 전달되어 청각 신경에 도달하고, 그곳에서 뇌로 전달된다.

길고 두껍고 민감한 고양이 수염의 비밀

고양이의 수염뿌리에는 신경세포가 집중되어 있습니다. 그래서 물건과 바람 등의 정보를 민감하게 알아챌 수 있습니다. 좁은 장소를 지나갈 수 있는지 판단하거나 풍향을 확인하는 등의 기능을 합니다.

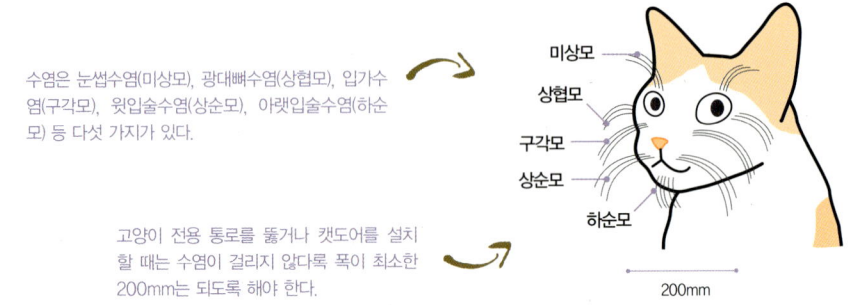

수염은 눈썹수염(미상모), 광대뼈수염(상협모), 입가수염(구각모), 윗입술수염(상순모), 아랫입술수염(하순모) 등 다섯 가지가 있다.

고양이 전용 통로를 뚫거나 캣도어를 설치할 때는 수염이 걸리지 않도록 폭이 최소한 200mm는 되도록 해야 한다.

실제로는 다기능. 부드러운 고양이 발볼록살

고양이 발볼록살의 외피는 몸 안에서 가장 두껍고 튼튼하게 만들어져 있습니다. 높은 곳에서 착지할 때 충격을 흡수하거나 발소리를 내지 않는 데 도움이 됩니다. 또 몸 안에서 유일하게 땀샘(에크린샘)이 있는 장소여서, 땀을 이용해 마킹을 하거나 미끄럼을 완화하기도 합니다.

인간의 엄지발가락 위치에 해당하는 발가락 볼록살은 앞발에만 있고, 뒷발에는 발가락 볼록살 4개와 발바닥 볼록살 1개가 있다.

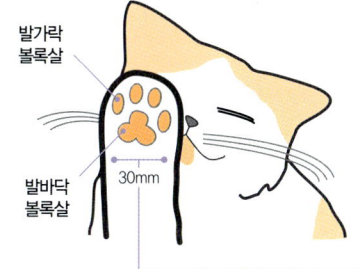

발가락 볼록살
발바닥 볼록살
30mm

발볼록살의 폭은 30mm 정도다. 기본적으로 자신의 볼록살과 같은 폭의 디딤판 위는 보행할 수 있지만, 나이와 고양이 품종에 따라 어려운 경우도 있다. 그러므로 캣워크 등을 만들 때는 안전을 생각해 무리 없이 걸을 수 있도록 넉넉한 폭으로 하자.

숨겼다 꺼냈다를 자유자재로 할 수 있는 발톱

고양이 발톱은 평소에는 안으로 들어가 있습니다. 발톱을 갈거나 싸움을 하거나 먹잇감을 잡거나 달릴 때 등 필요할 때만 꺼냅니다. 평소에는 힘줄이 느슨해져 발톱이 들어가 있지만 힘줄이 당겨져 늘어나면 발톱이 튀어나옵니다.

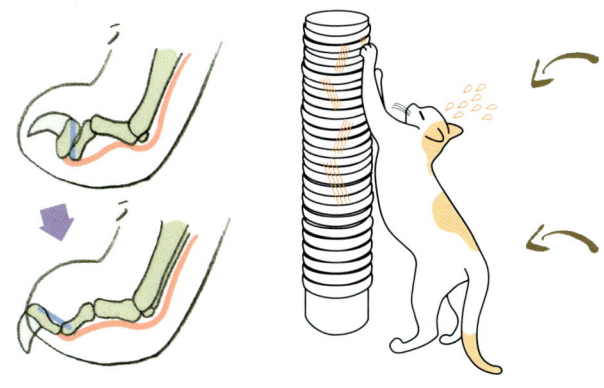

고양이 발톱은 얇은 층이 겹쳐져서 만들어져 있다. 그래서 주기적으로 스크래치를 하여 가장 위층을 벗겨냄으로써 아래층을 노출시켜 발톱 끝을 뾰족하게 한다. 발톱을 갈 때는 볼록살의 땀샘에서 분비되는 물질로 마킹도 한다.

스크래치는 오래된 층을 벗기고 마킹하는 행위일 뿐만 아니라 사람에게 혼이 났거나 재미가 없어서 스트레스가 생겼을 때 이를 해소하기 위한 행위이기도 하다.

고양이 몸

신체능력

고양이의 놀라운 신체능력

고양이는 하루 대부분을 자면서 보내는 느긋한 동물로 보이지만, 뛰어난 운동 능력과 예민한 감각을 갖추고 있습니다. 점프력과 탁월한 균형, 날쌔게 달리는 모습을 보면 누구나 놀랄 수밖에 없습니다. 단, 갑작스럽게 벌어지는 일에는 재빨리 반응하지 못한다는 사실을 잊지 말고, 고양이에게 안전한 환경을 만드는 데 신경을 써야 합니다.

높은 장소를 좋아하는 고양이의 운동 능력

순발력이 뛰어나다

뛰어난 순발력 덕분에 고양이는 도움닫기 없이 한 순간에 몸길이의 약 5배 높이까지 뛰어오를 수 있습니다. 고양이의 몸길이는 평균 300mm 정도이므로 웬만한 아이 키를 훌쩍 넘는 150cm까지 도약할 수 있습니다. 또 달리는 속도도 생각 외로 빨라서 최고 속도가 시속 약 50km나 됩니다.

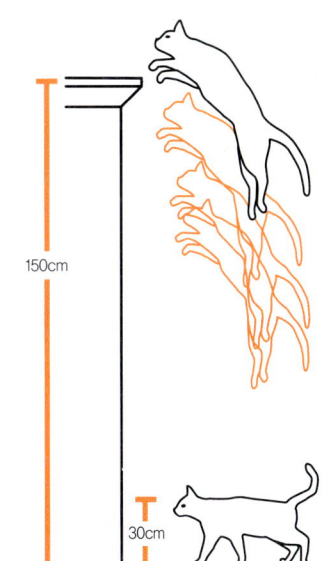

고양이에게 매력적인 공간이 되기 위해 요구되는 것은 '넓이'보다 '높이'다. 그러므로 캣타워와 캣워크를 설치할 때는 고양이가 상하 이동을 즐길 수 있도록 하자. 또 가구 배치를 연구해 고양이가 공간을 입체적으로 활용할 수 있도록 고민하자.

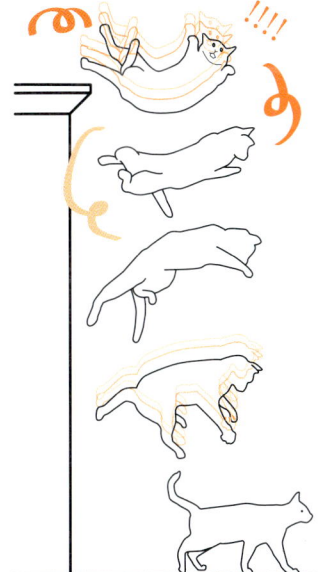

뛰어난 착지 능력

고양이는 착지하는 능력이 뛰어납니다. 반고리관이 잘 발달해 있고 골격이 낭창낭창한 덕분에 높은 곳에서 발이 미끄러져 거꾸로 떨어져도 자세를 바로 세워 안전하게 착지할 수 있습니다. 하지만 신체능력이 아무리 뛰어나다 하더라도 높은 곳에서 떨어지지 않도록 해야 합니다. 더욱이 살찐 고양이는 착지 능력이 저하되기도 하므로, 높은 곳 등에는 낙하 방지책을 마련해둘 필요가 있습니다.

거꾸로 떨어졌을 때 자세를 바로잡기 위해서는 어느 정도 높이가 필요하다. 1m가 되지 않는 높이에서 떨어지면 대응하는 데 시간이 부족해 바닥에 등을 부딪혀 다칠 수도 있다.

뛰어난 균형 능력의 비밀은 꼬리에 있다

좁은 디딤판을 걸을 때, 고양이는 꼬리를 크게 돌리면서 균형을 잡습니다. 고양이의 꼬리에는 척수와 배설기관의 신경 등이 연결되어 있습니다. 그러므로 꼬리를 난폭하게 잡아당기면 하반신의 신체 기능에 영향을 줄 수도 있습니다.

고양이 꼬리의 길이는 종류에 따라 다양하지만, 꼬리가 짧은 고양이는 균형감각이 조금 떨어지기 때문에 캣워크의 폭을 너무 좁게 하지 않도록 한다.

꼬리에는 감정이 나타난다

고양이는 애교를 부리고 싶다거나 혼자 있고 싶다 등 기분이 수시로 변하고, 그런 감정을 표정과 울음소리 등 전신을 사용해 표현합니다. 그중에서도 꼬리는 감정이 가장 잘 드러나는 곳이어서 꼬리를 보면 고양이의 기분을 알 수 있습니다. 기분을 민감하게 알아차리고 존중해줄수록 고양이가 스트레스를 받지 않고 즐겁게 지낼 수 있겠지요.

기분이 좋음(애교)
꼬리를 똑바로 바짝 세우고 있을 때는 애교와 애정을 의미한다. 새끼 고양이가 어미 고양이에게 다가가는 동작이므로 많이 애교부리게 해주자.

기분이 좋지 않음
꼬리 전체를 좌우로 천천히 일정한 리듬으로 흔들 때는 기분이 좋지 않다는 뜻이다. 초조해하고 있으므로 가만히 두는 것이 제일이다.

의심을 품은 친밀함
꼬리를 위로 세우되 끝을 갈고리 모양으로 구부린 것은 무언가에 흥미를 느끼거나, 누군가를 환영한다는 의미이다. 하지만 의심을 가지고는 있다.

위협 · 공포
꼬리를 위로 세우고 머리부터 꼬리까지 털을 세워 부풀릴 때는 상대를 위협하고 있는 것이다. 그리고 공포심을 느꼈을 때도 이런 행동을 한다. 이럴 때는 가까이 가지 않도록 한다.

귀찮음
꼬리 끝부분만을 움직일 때는 부르는 것을 귀찮다고 느낀다는 뜻이다. 귀찮지만 별수 없이 대답하고 있는 것이므로 집요하게 부르지 않도록 한다.

> Column

수컷과 암컷은 어떤 차이가 있을까?

스프레이 행위는 '중성화 수술을 하지 않은 성숙한 수컷'과 '임신하지 않은 암컷'에게서 가장 많이 보이는 마킹 행위다. 고양이가 스프레이 행위를 하는 이유는 파트너 찾기, 영역 주장, 경쟁자에 대한 위협, 스트레스 해소 등 다양하다. 수컷이 스프레이 행위를 하면 그 배설물 냄새가 사람 코로 일주일 동안이나 감지될 만큼 강렬하고 오래간다.

고양이 암컷과 수컷을 구별하는 방법은 항문과 성기의 간격을 보는 것이다. 암컷은 둘 사이의 간격이 10mm 정도다. 수컷은 이 간격이 20mm 정도로 암컷에 비해 좀더 떨어져 있다. 또 생후 2~3개월 정도 지나면, 수컷은 항문과 성기 사이의 고환이 부풀기 때문에 이것으로 판단할 수도 있다. 고양이가 새끼를 낳길 원하지 않거나 번식기에 정신을 안정시키기 위해서 또는 생식기 감염을 예방하는 데에도 중성화 수술이 효과적이다. 다만, 성적으로 성숙한 이후에 중성화를 하면 스프레이 행위가 남는 경우도 많다.

수컷의 성격

수컷의 성격은 일반적으로 자유롭고 자기 멋대로이며 애교쟁이라고 알려져 있다. 사람에게 애교를 잘 부리고 친근하게 구는 한편, 영역 의식이 강하기 때문에 스프레이 행위와 스크래치 등이 많아지는 경향이 있고 다른 고양이와 사이좋게 지내기 어렵다. 발정기가 되면 밖에서 들리는 암컷의 소리에 반응해서 밖으로 나가고 싶어 하기 때문에 중성화 수술을 하지 않은 수컷이 있다면 현관과 발코니 등을 잘 단속하는 것이 좋다.

암컷의 성격

암컷의 성격은 진중하다. 아이를 낳고 기르는 암컷의 본능 때문에 아이를 지킬 수 있도록 은둔처 같은 안정된 공간을 찾는 경향이 있다. 그래서 암컷 고양이는 안전하다고 생각할 수 있는 생활 공간을 만들어주면 좋아한다. 영역 등 경계 의식이 수컷에 비해 적기 때문에 스프레이 행위 등으로 문제를 일으키는 일은 적다. 또 여러 마리를 키우는 경우는 암컷 고양이의 수를 더 많게 하면 문제가 덜 발생한다.

생활리듬

고양이의 생활리듬을 최대한 존중해주자

고양이에게도 일정한 생활리듬이 있습니다. 또 발정기가 다가오면 활동적으로 변하는 등 계절에 따라 성격과 행동 패턴이 바뀌기도 하죠. 새끼 때부터 실내에서만 자란 집고양이일지라도 원래의 습성을 대부분 가지고 있습니다.
따라서 무리하게 사람의 생활리듬에 맞추려고 하면 면역성이 떨어질 수 있습니다. 고양이가 건강하게 지낼 수 있도록 사람이 고양이의 생활리듬을 배려하는 것이 최선입니다.

고양이의 하루 생활리듬

밤

밤은 기본적으로 자는 시간이다. 저녁 7~8시 경에 식사를 하고 새벽까지 한 번 잔다. 고양이가 자고 있는 방을 밝게 해두면 스트레스를 느껴서 식욕이 떨어지거나 설사, 구토를 일으키기도 한다.

새벽

불을 끈 직후에도 활동적으로 바뀐다.

사람이 자고 있는 오전 3시쯤, 고양이는 스위치를 켠 것처럼 일어나 방 안을 돌아다니기도 한다. 고양이는 원래 야행성 수렵 동물이기 때문에 집고양이일지라도 새와 쥐가 행동을 시작하는 새벽에 수렵 욕구가 높아져 활동적으로 바뀌는 것이다.

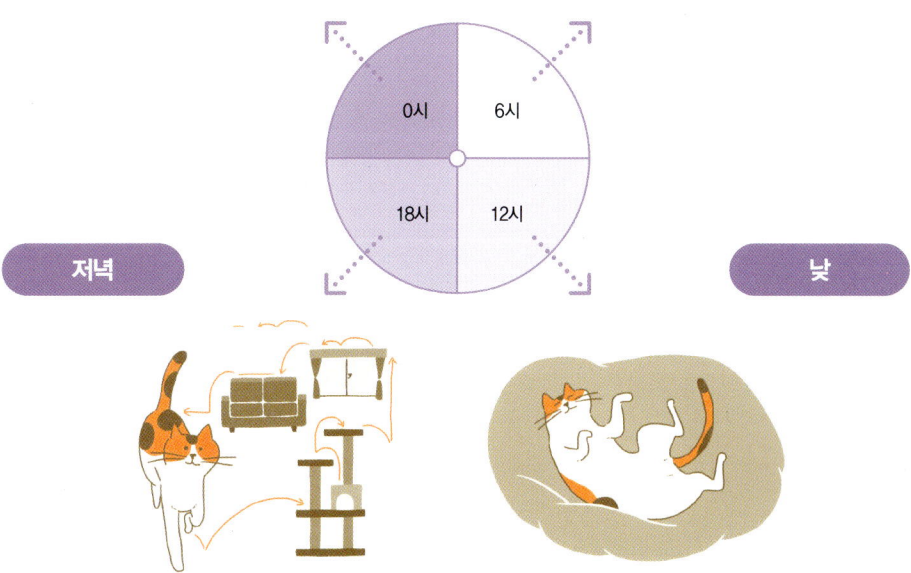

저녁

집고양이는 집 안을 살펴보고, 길고양이는 영역을 순찰한다. 집에서 키우되 밖으로 나갈 수 있는 고양이는 마음에 드는 차 보닛과 자주 가는 광장 등 정해진 경로를 거쳐 공터 등에서 사냥을 하기도 한다. 저녁이 되면 집고양이이면서도 '사냥을 다녀온 듯한 기분'으로 사료를 먹기도 한다.

낮

낮에는 느긋하게 지낸다. 기본적으로는 한가한 시간을 주체하지 못한다. 고양이는 야생에서는 사냥을 하고 살기 때문에 움직일 필요가 없을 때는 가능한 한 자면서 시간을 보냄으로써 에너지를 보존하는 습성이 있다. 집고양이는 사냥에 사용하는 시간이 거의 없으니 마음에 드는 장소에서 대부분 시간을 잔다.

계절마다 바뀌는 고양이 기분

겨울

겨울에는 비교적 따뜻한 낮에 행동한다. 1월이 되면 발정기가 시작되기 때문에 수컷은 암컷을 찾아 나서는 등 행동파로 바뀐다. 집고양이는 특히 따뜻한 곳을 찾아서 실내를 어슬렁거린다. 겨울철은 실내가 건조하기 쉬운데 이는 고양이에게도 좋지 않기 때문에 습도와 온도를 세심히 관리해야 한다.

봄

겨울에서 봄은 발정기에 해당하기 때문에 수컷은 낮밤을 가리지 않고 자주 돌아다닌다. 춥지도 덥지도 않은 시기이므로 낮에도 밤에도 적극적으로 행동한다. 그에 비해 중성화 수술을 한 고양이는 따뜻한 장소에서 얌전히 보낸다. 본격적인 여름을 앞두고 털이 많이 빠지기 때문에 브러싱을 자주 해줘야 한다.

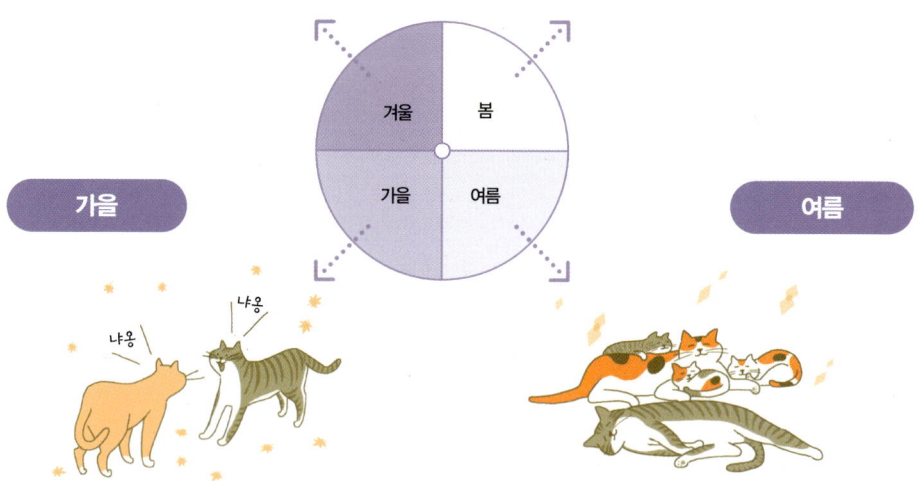

가을

여름의 끝 무렵부터 가을에 걸쳐 다시 발정기가 된다. 이에 맞춰 수컷의 움직임이 다시 활발해지고 성격도 공격적으로 바뀐다. 수컷끼리 서로 호응하듯 울어대는 소리가 들리는 것도 이 무렵이다. 아침저녁으로 온도가 급격하게 떨어지기 때문에 감기에 걸리기 쉽다. 고양이를 잘 관찰해 컨디션에 이상이 없는지 주의를 기울여야 한다.

여름

기온이 떨어지는 저녁부터 활동을 시작한다. 어미 고양이는 양육에서 해방되고, 수컷·암컷 모두 여름은 1년 중 가장 안정되고 평화로운 계절이다. 단, 고양이는 땀샘이 발볼록살에만 있어서 체온을 조절하기가 어려우므로 여름을 타거나 일사병 징후는 없는지 관심 있게 지켜봐야 한다. 그루밍을 하면서 빠진 털을 너무 많이 삼켜 토하기도 하므로 매일 브러싱을 해주어야 한다.

고양이가 자주 자리 잡는 장소

현관

여름철 등 더울 때는 현관 등 차가운 타일 위에서 몸의 열을 식히기 위해 바닥에 몸을 대고 누워 있기도 한다. 덥지 않은데 차가운 장소에 누워 있다면 몸이 아파서일 가능성도 있으므로 잘 살펴보자.

커튼 박스 등 높은 장소

높은 곳을 좋아하는 고양이는 커튼 박스와 수납 선반 위를 좋아한다. 높은 곳에서 내려다보는 것으로 사냥 기분을 느끼는 것이다. 가구나 가전제품 위에 올라가지 못하게 하고 싶다면 캣워크를 설치하는 등 대안을 마련해야 한다.

창문

밖으로 나가고 싶다고 생각하는 것은 아니지만, 바깥세상에서 움직이는 것을 관찰하기 위해서 창가에 있는 것을 좋아한다. 이런 행동도 수렵 본능을 어느 정도 충족시켜준다.

거실

집고양이는 생활 거점이 되는 거실 등을 중심으로 자신의 활동 영역을 어슬렁거리기도 하고 그중 어딘가에 자리를 잡고 자기도 한다. 식사 후에는 체력을 보존하기 위해 잠자리를 찾아가 자는 일이 많다.

| 고양이의 일생 |

라이프 스테이지와 함께 고양이의 삶이 바뀐다

고양이의 평균 수명은 생활 환경에 따라 다릅니다. 길고양이는 5~10세, 실내와 실외를 왔다 갔다 하는 반 집고양이는 14세, 집고양이는 16세라고 합니다. 의료 기술이 발달하고 사람들의 의식이 높아지는 등의 영향으로 옛날보다 수명이 많이 늘어 났습니다. 그중에는 20년 이상 사는 고양이도 있다고 합니다. 인간과 마찬가지로 고양이도 라이프 스테이지에 따라 삶의 방식이 변화하므로, 라이프 스테이지에 맞춰 생활환경을 개선해나갈 필요가 있습니다.

인간으로 치면 몇 살일까? 고양이의 나이 환산표

고양이의 2살은 인간의 24살로 환산할 수 있습니다. 그 후부터는 '고양이 1년=인간 4년'의 속도로 나이를 먹습니다. 예를 들어 3살이라면 사람 나이로 칠 때 28살, 4살은 32살과 같습니다.

라이프 스테이지		고양이 연령	사람 연령
새끼 고양이 (자묘)	자묘기	0 ~ 1개월	0 ~ 1세
		2 ~ 3개월	2 ~ 4세
		4개월	5 ~ 8세
		6개월	10세
어른 고양이 (성묘)	청년기	7개월	12세
		1세	15세
		1세 6개월	21세
		2세	24세
	성묘기	3세	28세
		4세	32세
		5세	36세
		6세	40세
	장년기	7세	44세
		8세	48세
		9세	52세
		10세	56세
나이 든 고양이 (노묘)	중년기	11세	60세
		12세	64세
		13세	68세
		14세	72세
	노묘기	15세	76세
		16세	80세
		17세	84세
		18세	88세

모든 것에 흥미를 가지는 시기. 콘센트와 전기 코드, 쓰레기 등 위험한 것에도 관심이 많고 때로는 물어뜯기도 한다. 안전에 가장 주의해야 하는 시기다.

혼자 있는 시간이 길어지는 등 인간과 마찬가지로 자립의 시기. 운동 부족이 되지 않도록 캣워크 등을 설치해 실내에서도 활발히 움직일 수 있게 한다.

지금까지 올라갈 수 있었던 캣스텝을 오를 수 없게 되어 스트레스를 느끼는 시기. 집 인테리어나 리모델링 공사, 이사 같은 급격한 변화도 큰 스트레스 요인이 된다.

자묘, 성묘, 노묘로 변화해가는 고양이의 한평생

태어나서 곧바로 젖을 먹기 시작한다. 2개월 정도 지나면 젖떼기를 시작하고 배설 처리 방법도 배운다.

어리광부리고 싶은 기분이 들면 목을 울려 '가르릉 가르릉' 소리를 내고 제자리에서 발을 한발 한발 내디딘다.

태어나서 6개월경까지 쑥쑥 성장하는 '자묘기'입니다. 갓 태어났을 때는 눈도 뜨지 못하고 안쓰러운 모습이던 새끼 고양이가 1개월 지나면 활기차게 놀기 시작합니다. 이 시기에 신체 능력과 수렵 능력이 갖추어지고 고양이끼리의 규칙을 배우게 됩니다. 또 희로애락, 좋고 싫음, 안심·경계 등 기본적인 감정과 성격의 근본이 형성되는 시기이기도 합니다. 어미 고양이에게 어리광부리는 습성은 대상이 어미 고양이에서 사람으로 바뀌어도 계속 유지됩니다.

새끼 고양이는 오랜 시간 잔다. 어른 고양이는 하루에 약 65%를 자면서 보내는데 새끼 고양이는 그것보다 많은 약 80%, 즉 20시간 정도를 잔다.

어미 고양이의 꼬리 끝을 가지고 장난치거나 형제 고양이끼리 싸우기도 한다.

호기심이 왕성해 모든 것에 흥미를 보인다. 경계심이 적은 시기이므로 새로운 환경, 새로운 사람, 다른 동물과도 쉽게 친숙해진다.

3개월이 되면 어미 고양이 곁을 떠나 스스로 생활하기 시작한다. 개성이 확실해진다.

자묘(0~6개월)

영역 의식이 강해져 스프레이나 스크래치를 통한 마킹 행위와 실내 순찰이 활발해진다.

1년에 2~3회 성호르몬이 작용해 번식기가 되면 발정한다. 2~7세가 전성기.

상당히 향상된 신체 능력으로 움직이는 것을 쫓아가 잡을 수 있다.

이르면 반년, 평균 1세 전후로 몸이 성적으로 성숙합니다. 7세 정도까지는 가장 체력이 충만한 시기로 번식에 적합한 시기이기도 합니다. 7세 이후에는 서서히 노화가 시작됩니다. 겉모습은 별로 바뀌지 않지만 건강에 관심을 기울여야 합니다. 집에서 기르는 고양이는 어릴 때 어미 고양이에게 배우지 않았다면 사냥을 할 수 없지만, 본능에 따라 수렵 욕구와 영역 의식이 높아집니다. 중성화 수술을 하지 않으면 번식기에는 교미 활동에 집중합니다.

성묘(7개월~10세)

고양이의 일생

성묘(7개월~10세)

경험을 축적해 학습한다. 그만큼 경계심도 생기고 스트레스를 느끼게 된다.

사람에게 애교부리고 싶은 기분이 강해지면 다가가 비비는 등 새끼 고양이 같은 행동을 한다.

4~6세 정도가 되면 점점 안정감이 생겨 별것 아닌 일로 놀라거나 기뻐하지 않게 된다. 자극이 있는 생활보다 안심할 수 있는 생활을 추구하게 된다.

노묘(11세 이상)

다양한 경험을 쌓아 새로운 것이 적어지면서 호기심이 줄어듭니다. 자극을 받지 않게 되고, 활동량이 줄어 근력이 떨어지고, 움직이는 것을 귀찮아하며, 자면서 보내는 시간이 늘어납니다. 털의 결이 나빠지고, 살이 찌거나 여위는 것을 시작으로 건강상의 문제가 나타나기도 합니다. 스스로도 기운이 없다는 점 때문에 불안을 느끼고, 좋아하는 가족과 함께 있고 싶어하게 됩니다.

눈과 귀가 어두워지고, 병에 걸리거나, 배회하거나 밤에 우는 등 치매에 걸리기도 한다. 가족의 스킨십과 애정을 원하게 된다.

놀이를 유도해도 응하지 않는다. 마음에 드는 장소에서 느긋하게 있고 싶어 한다.

움직임이 느긋해진다. 성격이 조금씩 완고해진다.

오랜 기간의 습관과 호불호에 얽매여 익숙하고 친숙한 것 이외에는 받아들이지 않게 된다. 사료나 화장실 모래 등이 바뀌는 것을 싫어한다.

| 고양이의 종류 |

크기도 성격도 저마다 다른, 집고양이의 종류

지금부터 약 9,500년 전의 유적에서 사람과 함께 매장된 것으로 보이는 집고양이가 발견되었는데, 집고양이가 탄생한 것은 그보다 약간 더 이른 시기의 일입니다. 인간의 생활 영역 안에서 살아가기 위해서는 강함보다 사랑스러움이 요구됐기 때문에 집고양이는 귀여움의 자질을 진화시켰을 것입니다.

초기 육식동물인 미아키스에서 집고양이로. 고양이 진화사

모든 육식 포유류의 조상

고양이의 조상은 미아키스(Miacis)라는 동물이다. 6,500만~4,800만 년 전에 유럽과 북아메리카에 서식했던 족제비와 닮은 생물로 몸길이는 300mm 정도로 알려져 있다.

날카로운 발톱과 이빨을 가지고 작은 동물을 잡았으리라고 추측한다.

미아키스

고양잇과의 원형

미아키스가 진화해 숲에서의 생활을 선택한 프로아일루루스(Proailurus)와 슈델루루스(Pseudaelurus)가 나타났다. 아프리카에 나타난 고양이류의 조상이다.

프로아일루루스   슈델루루스

고양잇과의 탄생

약 2,000만 년 전, 슈델루루스로부터 고양잇과 동물이 탄생했다.

아티카고양이

집고양이의 직접 선조

소형 고양이류의 진화 과정에서 사막과 암초 지역으로 내쫓긴 종류가 있었다. 그 척박한 환경에서 살아남은 것이 집고양이의 직접 선조인 리비아고양이다. 약 13만 년 전에 탄생한 현재 고양이의 직접적인 선조다.

소량의 물과 식량으로 연명할 수 있는 리비아고양이는 중동과 아프리카 사막 지대에 분포했다.

리비아고양이

집고양이 탄생

리비아고양이 중에서 쥐가 자주 출몰하는 인간 거주지에서 살기 시작한 개체가 나타났고, 그것이 약 1만 년 전에 가축화되어 집고양이가 됐다고 보고 있다.

체중은 3~4kg. 리비아고양이보다 소형으로 뇌도 작아졌다. 경계심이 적고 성장 후에 데려다 길러도 사람과 친숙해진다.

집고양이

저마다 다른 고양이들, 어떤 품종이 있을까?

일반적으로 공인된 고양이 종류는 약 50종이며, 개에 비하면 훨씬 적습니다. 고양이의 종류가 적은 이유로는 쥐를 잡는 일 이외에 적합하지 않다는 점을 들 수 있습니다. 사람이 고양이에게 생활상의 실용성을 요구하지 않았고, 따라서 사람에 의해 선별·번식되면서 다양하게 진화할 일이 없었기 때문이라고 생각됩니다. 단, 최근에는 여러 품종이 생겨나고 다양해졌습니다. 순수 혈통은 같은 계통끼리 교배하는데, 품종에 따라 유전적으로 발생하기 쉬운 병이 있고 잡종보다 몸이 약해서 병에 걸리기도 쉽습니다. 고양이를 기르고 싶다고 생각한다면, 고양이를 데려오기 전에 품종별 특징을 파악해두는 것이 좋습니다. 고양이 성격과 체격은 품종별로 다음과 같은 차이가 있습니다.

아비시니안(Abyssinian)

원산국: 에티오피아
체중: 3~5kg
털의 종류: 단모종

가장 오래된 품종 중 하나다. 움직임과 빛에 따라 미묘하게 변화하는 아름다운 털색과 야무진 몸매의 비율이 자랑이다. 애교쟁이이며 호기심도 왕성하다. 운동 능력도 좋고 높은 선반도 쉽게 오를 수 있다. 노는 것을 굉장히 좋아하기 때문에 충분히 활동할 수 있는 공간이 필요하다.

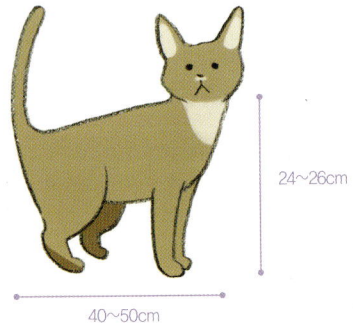

아메리칸 컬(American Curl)

원산국: 미국
체중: 2.5~4.5kg
털의 종류: 단모종·장모종

끝부분이 뒤로 젖혀진 귀가 특징이며 이것이 이름의 유래이기도 하다. 태어난 직후의 귀는 똑바르지만, 생후 2~10개월에 귀가 젖혀지기 시작한다. 귀가 젖혀지지 않는 고양이도 있다. 몸이 가늘면서 근육질이다. 애교쟁이이며 성격이 온순하다. 머리도 좋아서 훈육하기 쉽다고 한다. 단, 귀가 노출되어 있어서 거칠게 다루면 연골이 다칠 수도 있다.

아메리칸 쇼트헤어(American Shorthair)

원산국: 미국
체중: 3~6kg
털의 종류: 단모종

미국을 대표하는 고양이. 원래는 쥐와 뱀을 잡기 위해 기르기 시작했다. 운동량도 많고 단단한 골격에 늠름한 근육질이다. 성격이 느긋하고 대범하며 사람을 잘 따른다. 두려움이 없고 새로운 환경에도 잘 순응해 키우기 쉽다. 운동량이 많은 편이기 때문에 충분히 활동할 수 있는 공간이 필요하다.

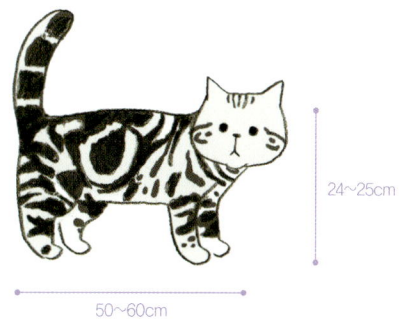

이그조틱(Exotic)

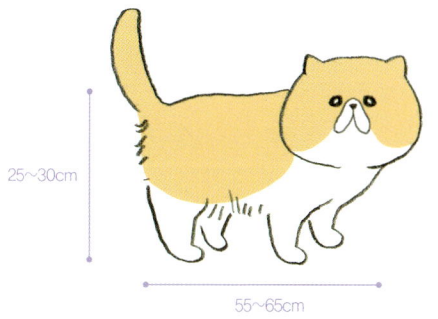

원산국: 미국
체중: 3~6kg
털의 종류: 단모종 · 장모종

페르시아고양이의 특징을 이어받았지만, 털이 짧은 고양이. 털이 짧아서 잘 엉키지 않고 손질하기가 쉽다. 주 2회 정도 관리하면 충분하다. 체형은 듬직하고 근육질이다. 다리가 몸에 비해 굵고 짧은 편이며 튼튼하다. 성격이 대범하고 까다롭지 않으며 침착하지만, 노는 것을 좋아한다. 사람을 잘 따르고 애정이 많다.

싱가푸라(Singapura)

원산국: 싱가포르
체중: 2~3kg
털의 종류: 단모종

공인된 고양이 종류 가운데에서는 가장 작다. 작지만 전신의 근육이 발달해 야무진 체구이며 활발하게 움직인다. 털은 부드럽고 털 빠짐도 적다. 움직임에 따라서 털 색깔이 미묘하게 변화하며 매우 아름답다. 성격은 침착한 반면, 호기심이 많고 놀이를 매우 좋아한다. 애정이 많고 사람도 잘 따른다. 울음소리가 작아 공동주택에서 길러도 좋다.

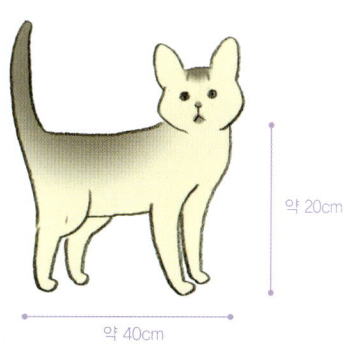

스코티시 폴드(Scottish Fold)

원산국: 영국
체중: 3~6kg
털의 종류: 단모종 · 장모종

가장 큰 특징은 접힌 귀이지만, 후손이 이 특징을 이어받을 확률은 30% 정도다(스코티시 폴드끼리의 교배는 유전병의 위험이 있기 때문에 금기하고 있다). 몸은 두루뭉술하지만 비교적 근육질이고 탄탄하다. 몸에 비해 약간 짧고 굵은 다리를 가지고 있다. 성격은 온순하고 울음소리도 조용하다. 노는 것을 아주 좋아하지만, 험하게 노는 법은 없다. 사람에게 성실하고 애정이 많다.

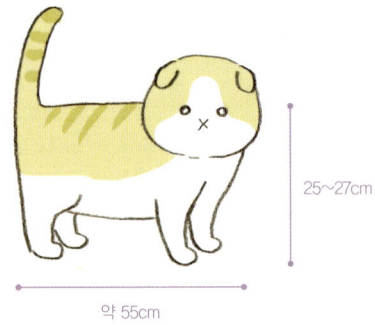

스핑크스(Sphynx)

원산국: 캐나다
체중: 3~5kg
털의 종류: 무모종

털이 없이 태어난 고양이를 번식시킨 품종이다. 털이 없는 만큼 온도 변화에 민감하고 더위와 추위에 약하기 때문에 온열 환경에 특히 관심을 기울여야 한다. 모공에서 나오는 분비액이 몸의 주름에 고이기 쉬우므로 자주 닦아내는 등의 보살핌도 필요하다. 몸은 근육질로 탄탄하고 운동 능력도 뛰어나다. 호기심이 왕성하고 사람을 잘 따른다.

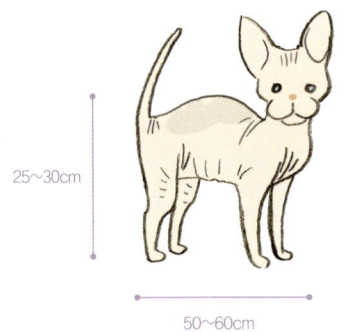

소말리(Somali)

원산국: 영국
체중: 3~5kg
털의 종류: 장모종

단모종인 아비시니안을 기본으로 하여 만들어진 장모종. 털이 길고 꼬리 부분까지 풍성하므로 정기적으로 손질해주어야 한다. 아비시니안과 마찬가지로 근육질이며 야무지고 아름다운 몸매를 자랑한다. 성격도 아비시니안과 비슷해 호기심이 많고 활발하다. 온순하고 사람을 잘 따르지만, 약간 신경질적인 면도 있다.

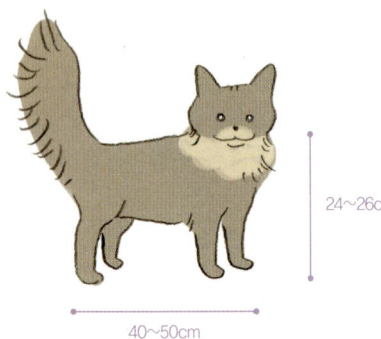

통키니즈(Tonkinese)

원산국: 캐나다
체중: 2.5~3.5kg
털의 종류: 단모종

포인트 컬러, 블루로 빛나는 눈동자, 윤기 나는 털이 특징이다. 그다지 크지는 않지만 근육질로 야무진 몸을 가지고 있다. 다리는 가는 편이지만 근육이 발달해 운동 능력이 뛰어나다. 성격은 응석받이라 할 수 있고 사람을 잘 따른다. 매우 활동적이며 노는 것을 대단히 좋아한다. 뛰어다니거나 상하 운동을 할 수 있는 공간이 필요하다.

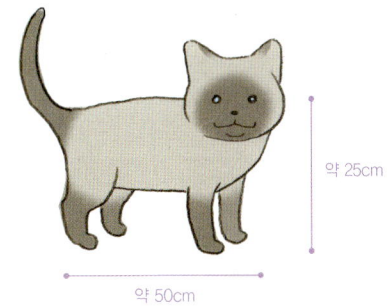

노르웨이 숲(Norwegian Forest)

원산국: 노르웨이
체중: 3.5~6.5kg
털의 종류: 장모종

북유럽을 대표하는 대형 고양이다. 노르웨이의 혹독한 추위로부터 몸을 지키도록 진화해 현재의 풍성한 털을 가지게 됐다. 털 관리를 매일 해줘야 한다. 체형은 튼튼하고 실팍하며 체격이 좋다. 추위에 강하고 체력도 있다. 성격은 온화하며 어른스럽지만, 놀이를 좋아해 운동 능력이 좋다. 적응이 빠르며 애정이 많아서 기르기 쉽다.

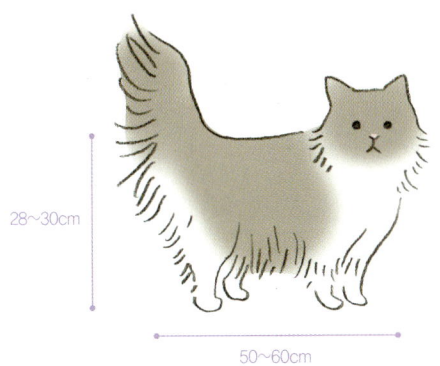

브리티시 쇼트헤어(British Shorthair)

원산국: 영국
체중: 3~5.5kg
털의 종류: 단모종 · 장모종

영국에서 가장 오래된 것으로 보이는 품종이다. 체격이 좋고 근육질의 튼튼한 몸과 뛰어난 운동 능력을 갖추고 있다. 다리는 몸에 비해 두껍고, 골격이 크다. 성격은 온화하고 영리하다. 환경에 대한 적응이 빠르고 울음소리도 작아 키우기 쉽다. 혼자 놀기를 좋아하는 등 자립심이 강한 한편, 사람과 함께 있는 것도 좋아한다.

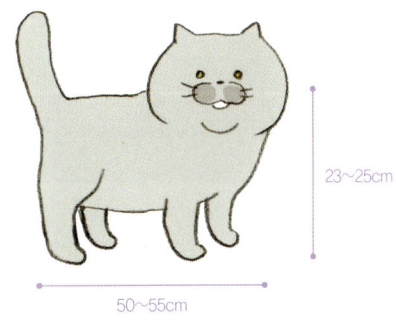

페르시안(Persian)

원산국: 아프가니스탄
체중: 3~7kg
털의 종류: 장모종

봉제 인형 같은 풍성한 털과 코가 찌그러진 애교 섞인 얼굴이 특징이다. 매일 털 관리를 해줘야 한다. 체격이 크고 몸이 튼튼하며 다리 역시 튼실하고 짧은 편이다. 성격은 온순하고 대범하며 까다롭지 않다. 편안한 장소에서 느긋이 지내는 일이 많지만, 노는 것도 좋아한다. 영리하고 애정이 많아 기르기 쉽다.

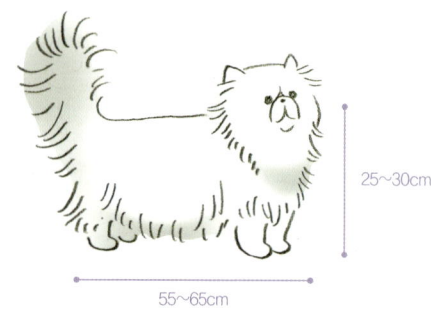

벵갈(Bengal)

원산국: 미국
체중: 4.5~5.5kg
털의 종류: 단모종

아름다운 표범 무늬와 날카로운 얼굴 생김새가 야생적인 분위기를 풍긴다. 체격이 좋고 튼실하며 신체 능력도 좋다. 운동량도 많으며 놀기 좋아하므로 점프하고 달릴 수 있는 환경을 만들어주는 것이 좋다. 야성미가 넘치지만 성격은 온순해서 사람을 잘 따르기 때문에 기르기 쉽다. 단, 자주 울기 때문에 울음소리에 대한 대책이 필요하다.

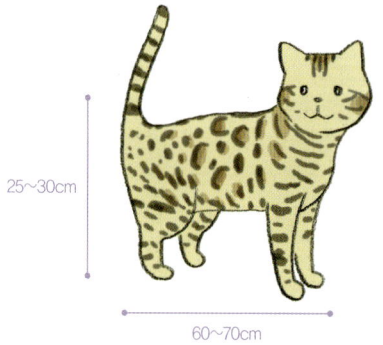

먼치킨(Munchkin)

원산국: 미국
체중: 3~5kg
털의 종류: 단모종 · 장모종

닥스훈트처럼 긴 몸통에 짧은 다리가 특징이다. 몸은 약간 튼튼하고 실팍하다. 앞다리가 뒷다리보다 짧아서 조금 앞으로 구부린 것 같은 자세를 하고 있다. 다리가 짧지만 운동 능력에는 문제가 없으며, 점프와 나무타기도 할 수 있다. 호기심이 왕성하고 매우 활동적이다. 사교적이며 애정이 많아 기르기 쉽다. 밝은 성격으로 사람을 즐겁게 해준다.

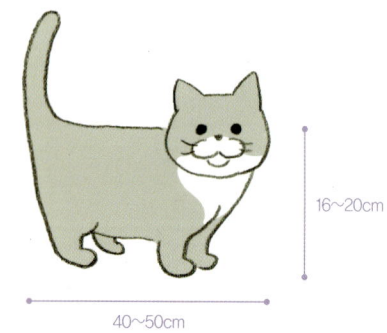

메인쿤(Maine Coon)

원산국: 미국
체중: 7~12kg
털의 종류: 장모종

순수 혈통 중에서는 가장 큰 대형 고양이다. 길고 큰 몸은 근육질로 단단하다. 추위가 혹독한 곳 출신이어서 두꺼운 털과 튼튼한 몸을 가지고 있다. 성격은 느긋하고 온순하다. 환경 적응력이 뛰어나고 다른 동물과도 잘 어울려 지낸다. 활동적으로 노는 것을 좋아하지만 실내에서 키워도 크게 스트레스를 받지 않는다. 조용하고 자립심이 강한 한편, 사람에게 충실하다.

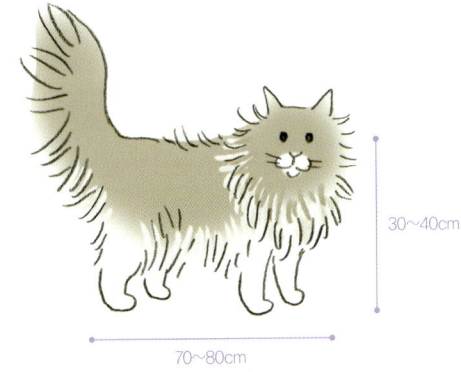

랙돌(Ragdoll)

원산국: 미국
체중: 7~9kg
털의 종류: 장모종

헝겊으로 된 인형이라는 뜻이다. 들었을 때, 거부하지 않고 몸을 늘어뜨린다고 해서 붙여진 이름이다. 크고 튼튼하며 실팍한 몸은 늠름하고 근육질이다. 대범하고 까다롭지 않은 성격으로 매우 온순하다. 약간 행동이 둔하기 때문에 실내에 위험한 장소가 없도록 하는 것이 좋다. 울음소리가 작아 공동주택에서도 키우기 쉽다.

러시안 블루(Russian Blue)

원산국: 러시아
체중: 5~6kg
털의 종류: 단모종

'블루 캣'이라고 불리는 푸른빛이 도는 회색 털이 특징이다. 호리호리하면서도 근육질이며, 가늘고 긴 다리가 유연하고 우아하다는 인상을 준다. 운동 능력도 비교적 뛰어나고 움직임이 날쌔다. 성격은 조용하고 차분하다. 낯을 가리는 편이어서 새로운 환경과 사람에게 익숙해질 때까지는 시간이 걸리지만, 일단 익숙해지면 충실하다. 울음소리도 작다.

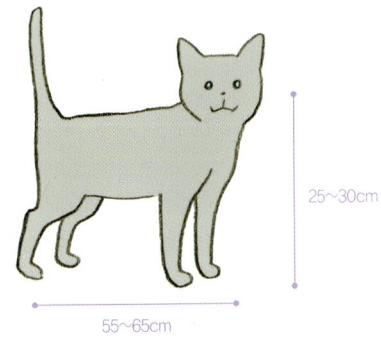

고양이의 치수

표준 치수, 쾌적한 환경을 만들어주기 위해 꼭 알아두자

좁은 통로로 다니고, 좁은 출입구로 점프해 이동하고, 무조건 높은 위치로 향하고, 발톱을 갈고…. 고양이와 생활하다 보면 특유의 행동을 목격할 기회가 많습니다. 인간과는 다른 세계를 가진 고양이와 함께 살기 위해서는 그 몸과 신체 능력을 고려해 공간과 가구를 배치할 필요가 있습니다. 이때 기준이 되는 치수를 알아두면 크게 도움이 됩니다.

고양이의 진짜 크기는?

고양이의 치수

똑바로 서 있을 때

얼굴까지의 길이: 350~400mm

키: 300mm 전후*

몸길이: 400mm 전후

기쁠 때와 어리광부리고 싶을 때는 꼬리를 세운다.

기지개를 켤 때

높이: 400mm 전후

전체 길이: 1,200mm 전후

졸릴 때나 기분 전환을 하고 싶을 때, 활동을 시작할 때 기지개를 켠다.

발톱으로 벽을 긁을 때

높이: 900mm 전후

불안을 해소하기 위해서 발톱과 발바닥 냄새를 사용해 마킹한다.

웅크릴 때

300mm

400mm

지름 150mm 전후

둥근 곳에서 마음이 놓이고, 좁은 공간일수록 안정감을 느낀다.

* 키는 고양이가 바닥에 네발을 디디고 섰을 때 발바닥부터 어깨까지의 높이를 말한다.

고양이 품종별 수평뛰기 거리

고양이 하면 갑자기 점프해서 뛰어 오르거나 뛰어 내리는 모습이 떠오르죠. 실제로 고양이는 자신의 키보다 긴 거리를 도움닫기 없이 점프할 수 있습니다. 단 고양이의 품종에 따라 뛸 수 있는 거리는 다릅니다. 이 거리를 참고하면, 함께 사는 고양이가 스트레스를 발산할 수 있는 주거 구조를 설계하거나 위험한 것을 피하게 할 수 있습니다.

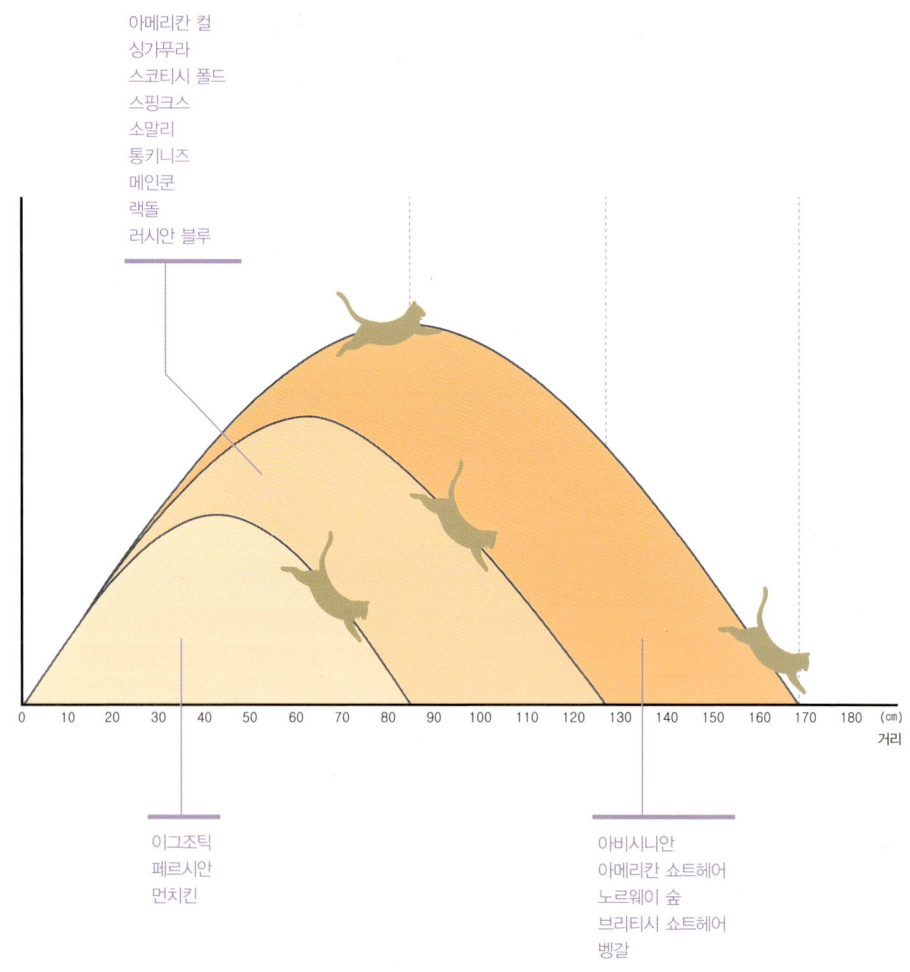

고양이 품종별 수직뛰기 높이

고양이는 바닥에서 선반과 수납장 위로 가볍게 뛰어오릅니다. 도움닫기도 하지 않고 뛰는데, 이는 타고난 고양이의 골격이 앞다리·뒷다리 모두 구부린 상태이며 항상 굽힌 자세이기 때문입니다. 수직뛰기나 수평뛰기 모두 나이와 자란 환경 등 개체 간의 차이가 크기 때문에 정확한 수치를 내놓기는 어렵습니다. 다음의 수치는 어디까지나 고양이마다의 성격, 민첩성 등을 고려해 산출한 것입니다.

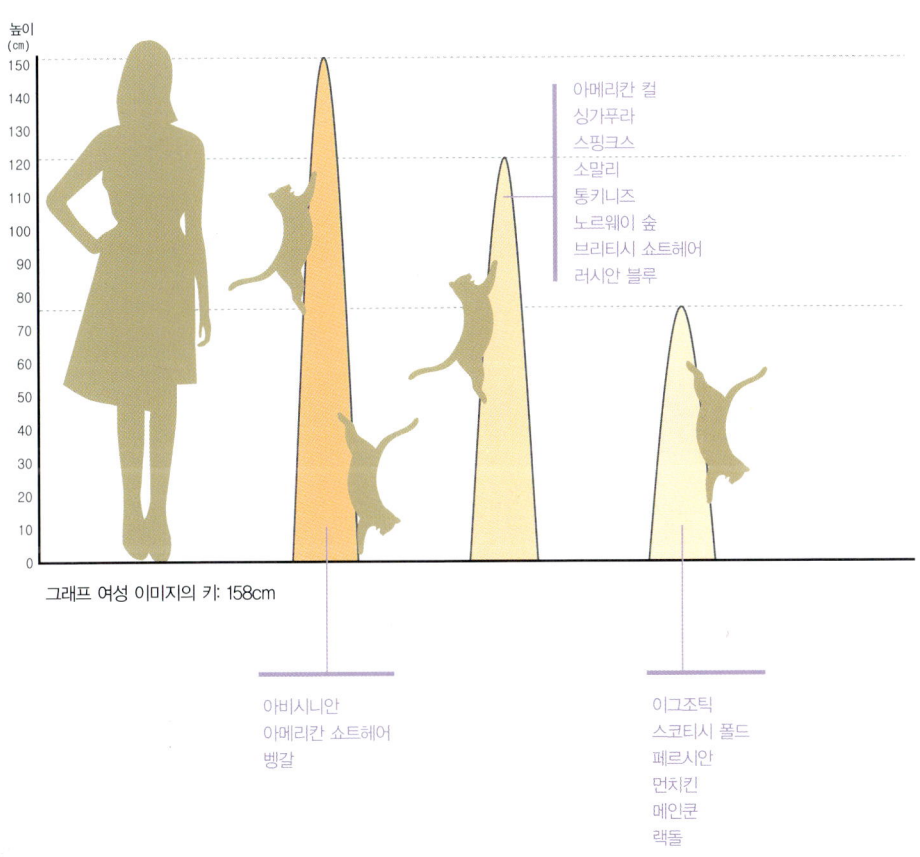

실첸! 표준 치수를 주거 환경에 반영하자

발코니 난간 높이
고양이가 뛰어넘지 않도록 높이 1.5m 이상의 난간을 설치한다.

볕 쬐기용 창
실내에서 생활하는 고양이는 창가에서 볕 쬐기를 함으로써 적정한 체온을 유지하고 칼슘 흡수율을 높일 수 있다. 고양이가 쉴 수 있도록 깊이가 300mm 이상 되는 공간을 만들면 좋다.

캣스텝
수직으로 올라가는 것을 잘 하는 고양이도 높은 곳에서 내려오는 것은 서툴다. 또 때에 따라서는 천천히 오르내리고 싶은 기분이 들 때도 있을 것이다. 높은 곳으로 오르내리는 용도로 캣스텝을 설치하면 상하로 이동이 활발해지고 운동 부족을 막을 수 있다. 다리가 짧은 고양이와 나이 든 고양이가 있다면 높이를 200mm 정도로 한다.

고양이용 잠자리 공간
웅크리고 잘 때는 폭 400mm, 깊이 300mm, 높이 200mm 정도의 공간이 있으면 좋다.

발코니 난간 창살 사이의 폭
고양이가 난간 창살 사이로 빠져나가거나 밖으로 떨어지지 않도록 창살 간 폭은 70mm(새끼 고양이가 있다면 30mm) 이하로 한다.

고양이가 통과할 수 있는 구멍의 크기
큰 고양이는 지름 150mm 정도, 중간 크기의 고양이는 지름 100mm 정도, 작은 고양이는 지름 80mm 정도면 통과할 수 있다.

고양이의 치수

캣워크 폭
고양이는 좁은 통로를 지나가는 것이 능숙하다. 그렇다고는 하지만 통행할 수 있는 폭에는 한계가 있다. 발볼록살의 폭보다 좁은 통로를 걷는 것은 불가능하다. 40mm 정도의 폭도 걸을 수는 있지만, 캣워크를 설계할 때는 최저 150mm 이상의 폭을 확보하는 것이 좋다.

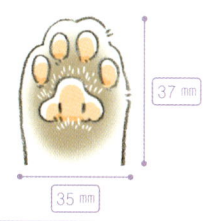

캣도어의 크기
캣도어의 크기는 200mm 정도가 바람직하다. 고양이는 보통 다리를 높게 들지 않기 때문에 100mm 이하로 약간 낮은 위치에 설치한다.

창문
고양이는 투명한 창문이 있으면 거기에 물체가 있다고 인식하지 못해 부딪힐 수도 있다. 유리가 깨지면 위험하기 때문에 아래쪽에 샌딩 공정을 거친 불투명한 제품을 사용할 것을 권한다.

징두리널 높이
고양이는 마킹을 하기 위해 소변을 흩뿌리기도 한다. 청소하기가 쉬운 소재를 택해 높이 900mm 정도의 징두리널을 설치하면 좋다.

주의가 필요한 것
고양이는 방에 놓여 있는 것에 흥미를 보인다. 지름 50mm짜리 빈 캔이나 봉지 등은 머리를 들이밀었다가 빠지지 않을 수도 있으므로 주의한다.

캣타워 하중
체중이 8kg 넘는 고양이도 있다. 안전을 고려하여 15kg 정도까지 견딜 수 있도록 설치한다.

고양이의 기호
고양이가 좋아하는 장소, 싫어하는 장소

고양이는 환경 적응력이 뛰어난 동물이지만, 불만이 쌓이면 화장실이 아닌 곳에 배설하거나 사람을 공격하는 등 문제 행동을 일으킬 수도 있습니다. 고양이가 어떤 공간을 안정적으로 느끼는지 알아보고 고양이가 좋아할 만한 장소나 설치물 등을 제공해 주세요. 그와 더불어 고양이가 스트레스를 받는 환경이나 장소가 어디인지 알아두는 것도 중요합니다.

고양이가 좋아하는 장소의 원형은 나무 굴

아늑하다

고양이는 본래 숲에서 서식하고 나무 굴에서 쉬었습니다. 그곳은 외부의 적을 재빨리 탐지할 수 있고 습격당할 위험도 적어서 지내기 좋은 장소였습니다. 그 시절부터 이어진 위기관리 본능에 따라 높고 좁고 어두운 곳을 좋아하게 됐습니다.

주변을 전부 감시할 수 있는 장소를 좋아한다

높은 곳에서 내려다보는 위치에 있는 고양이는 낮은 곳에 있는 고양이보다 상하 관계에서 우위에 있습니다. 수납장 위와 지붕 위 등은 자신을 숨기고 남을 감시할 수 있는 곳이라고 느끼기 때문에 그곳을 마음 편한 장소로 인식합니다.

바깥의 모습도 보고 싶어 한다

창가에 쿠션을 두거나 발코니에 추락 방지 시설을 설치해 공간을 만들어두면, 바깥 풍경을 관찰하고 즐길 수 있는 만족스러운 장소가 됩니다.

적당히 따뜻한 장소도 좋아한다

고양이는 텔레비전 주변이나 노트북 위, 자동차 보닛 위 등을 기분 좋게 느낍니다. 높이와 따뜻함을 두루 갖춘 장소이기 때문입니다. 특히 텔레비전 주변은 모두에게 주목받는다는 기분도 느낄 수 있어서 마음에 들어 합니다.

고양이는 안심할 수 있는 은둔처를 좋아한다

고양이의 행동을 관찰하면 집고양이로 태어나서 집고양이로 평생 살더라도 특유의 야생 수렵 본능이 살아 있는 것을 알 수 있습니다. 고양이는 틈틈이 집안을 돌아다니며 몸을 숨길만 한 곳을 탐색해둡니다. 그리고 갑작스럽게 손님이 찾아오거나 번잡스러운 분위기가 되면 미리 봐둔 은둔처에 숨기도 합니다.

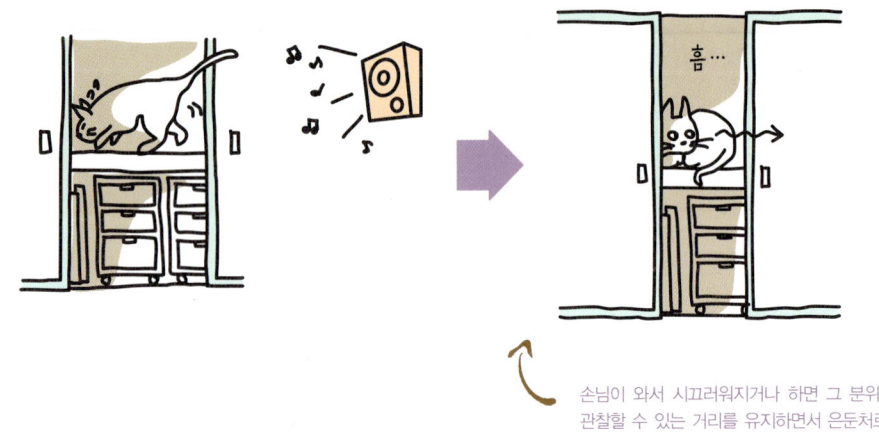

손님이 와서 시끄러워지거나 하면 그 분위기를 관찰할 수 있는 거리를 유지하면서 은둔처로 도망간다.

좁은 장소를 좋아한다
냄비나 세면대 등 몸의 곡선에 딱 맞는 좁은 공간을 좋아합니다. 몸에 딱 맞는 물건은 몸을 지탱해주고 웅크린 자세(웅크린 자세는 체온 유지에 좋다)를 유지하는 데 힘을 쓸 필요가 없기 때문입니다.

어두운 장소를 좋아한다
어두운 장소는 외부의 적에게 발견되기 어려운 곳이라고 판단해 본능적으로 안전하고 마음 편하게 느낍니다. 고양이에게는 어둡고 좁고 적당히 따뜻한 것이 중요하기 때문에 시중에서 판매하는 침대보다 오히려 종이 박스 등을 좋아하기도 합니다.

불안을 해소하고 오감으로 즐기게 하자

환경의 변화를 싫어한다

화장실, 스크래처, 식사 장소 등 생활 영역 내에서 환경에 변화를 느끼면 불안해합니다. 만약 이동시켜야 한다면 약 200mm씩 서서히 움직이는 것이 좋습니다. 또 외출용 고양이 가방을 평소 생활 공간으로 해두면 병원에 데리고 가는 경우 등 외출할 일이 생겼을 때도 덜 불안해합니다.

시각 · 후각 · 청각의 자극을 좋아한다

호기심이 왕성한 고양이를 만족시키기 위해서는 실내에서 고양이가 운동할 수 있도록 기구를 배치함과 동시에 시각 · 후각 · 청각을 자극할 필요가 있습니다. 열대어가 헤엄치는 수조를 두거나 텔레비전을 켜두면 고양이를 즐겁게 할 수 있습니다.

좋아하는 허브가 있다

고양이를 흥분시키는 네페탈락톤(nepetalactone)이라는 물질이 포함되어 있는 개박하(캣닙)를 재배하면 그 재배 장소를 마음에 들어 하기도 합니다. 단, 고양이에게 위험한 식물도 있으므로 주의해야 합니다.

나무와 흙냄새를 좋아한다

주워온 나뭇가지와 말린 풀, 돌 등을 종이 박스에 넣어두면 고양이는 그 안에서 뒹굴뒹굴하면서 냄새를 즐깁니다.

위험한 것

고양이에게 위험한 음식과 식물

집 안에는 고양이에게 위험한 것이 많습니다. 인간에게는 문제없는 음식이라도 고양이가 먹으면 몸에 좋지 않은 것도 있습니다. 특히 주방 등 먹을 것이 있는 장소에서는 고양이를 자유롭게 풀어놓지 않도록 하는 것이 바람직합니다. 고양이가 먹으면 중독 증상을 일으키는 식물도 수백 종류나 됩니다. 장기에 큰 손상을 주는 등 심각한 사태가 벌어질 수 있으므로 항상 주의를 기울여야 합니다.

위험! 고양이에게 좋지 않은 음식

위험한 음식으로부터 고양이를 지키기 위해서는 주방에 들이지 않는 것이 최선입니다. 그럴 수 없는 경우는 고양이가 음식물 쓰레기를 뒤지지 않도록 대책을 세우고, 위험한 음식을 다룰 때는 눈을 떼지 말아야 합니다. 다음 표는 독성이 강해서 먹으면 경우에 따라 죽을 수도 있는 것, 먹으면 증상이 나오기 쉬운 것, 독성은 약하지만 너무 많이 먹으면 증상이 나오는 것을 기준으로 위험도를 상중하로 분류한 것입니다. 단 여기에서 예를 드는 것이 전부가 아니므로 사람이 먹는 그 밖의 음식에도 주의가 필요합니다. 고양이에게 사람의 음식을 주지 않는 것이 기본입니다.

위험한 음식	나타날 수 있는 증상	위험도
파 종류 (양파, 대파, 부추 등)	알릴프로필다이설파이드(allyl propyl disulfide)라는 성분이 고양이의 적혈구를 파괴하고 용혈·빈혈 증상을 일으킨다. 설사, 구토, 발열, 빈혈 등의 증상이 나타나고 급성신장병에 걸릴 수도 있다. 가열해도 성분은 사라지지 않는다.	상
초콜릿	카카오에 포함된 테오브로민의 영향으로 설사, 구토, 복통, 혈뇨, 탈수 등을 일으킨다. 증상이 심해지면 이상 흥분, 떨림, 발열, 경련 등도 보인다. 카카오 함유량이 많을수록 중독 증상도 심해진다.	상
커피·홍차·알코올	커피·홍차에 포함된 카페인이 흥분 작용을 일으킨다. 또 고양이는 소량의 알코올이라도 잘 분해할 수 없기 때문에 중독 증상을 일으킨다.	상
전복	먹은 후에 자외선을 장시간 쬐면 털이 없고 피부가 얇은 귀에 피부염을 일으키기 쉽다. 증상이 심해지면 괴사하는 경우도 있다. 페오포바이드라는 물질이 혈액 안에서 변화해 적혈구를 파괴하는 것이 원인이다.	중
뼈 있는 생선, 익히지 않은 돼지고기	생선의 딱딱하고 날카로운 뼈가 목과 소화기관에 상처를 낼 수 있다. 익히지 않은 돼지고기에는 기생충인 톡소플라스마가 잠복하고 있다.	중
등푸른생선 (고등어, 전갱이, 정어리 등)	불포화지방산이 많은 등푸른생선을 너무 많이 먹으면 비타민 E가 부족해져 황색지방증에 걸린다. 피하지방과 내장지방에 염증이 생겨 근육 뭉침, 발열, 통증 등의 증상이 나타난다.	하

어떤 식물을 키우면 좋을까?

고양이는 풀을 먹음으로써 위를 자극해 헤어볼을 뱉어내고, 육식만으로는 섭취할 수 없는 엽산을 보충하는 습관이 있습니다. 그래서 실내에 둔 꽃과 식물 등을 먹는 경우도 있습니다. 그런데 그 식물에 포함된 유해물질을 해독하는 소화효소를 가지고 있지 않으면 중독을 일으키기 때문에 집에서 키우는 식물을 선택하는 데에도 주의를 기울여야 합니다.

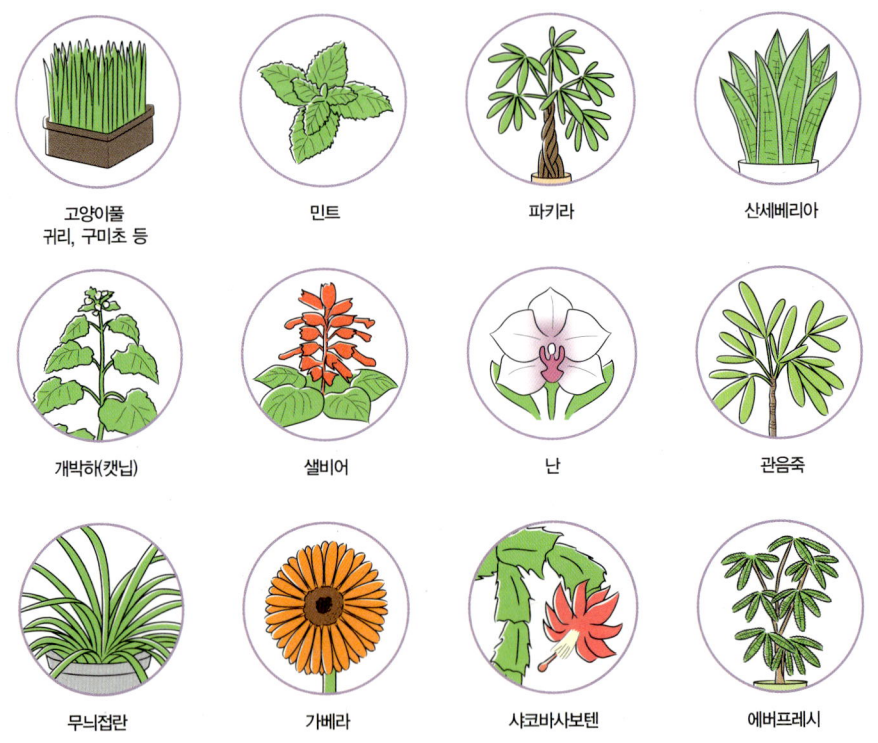

OK 고양이에게 안전한 식물

- 고양이풀 귀리, 구미초 등
- 민트
- 파키라
- 산세베리아
- 개박하(캣닙)
- 샐비어
- 난
- 관음죽
- 무늬접란
- 가베라
- 샤코바선인장(샤코바사보텐)
- 에버프레시

고양이가 즐겨 먹는 대표적인 풀이 '고양이풀' 입니다. 고양이풀이라는 식물이 있는 것이 아니라 초록색 뾰족한 풀의 총칭인데, 시중에서는 일반적으로 귀리가 이 이름으로 판매되고 있습니다. 고양이에게 해가 없는 식물이라 하더라도 개체에 따라서는 중독 증상을 일으킬 수도 있습니다. 또 중독 증상과는 관계없지만, 가는 잎 모양의 관엽식물 등은 고양이가 장난치고 싶어 해 자주 망가트리기도 합니다.

NO 고양이에게 위험한 식물

위험한 것

ASPCA(미국동물학대방지협회)에서 고양이에게 해로운 꽃과 식물을 정리했습니다. 그 식물을 고양이가 먹으면 구토, 설사, 탈수 증상, 전신 마비, 혼수 등을 일으킵니다. 특히 백합과와 진달랫과, 미나리아재비과 등은 생명과 직결될 정도로 매우 위험도가 높은 식물입니다. 백합은 꽃가루에 닿거나 꽃병의 물을 마시는 것만으로도 중독을 일으킬 수 있으니 주의해야 합니다.

비만·나이 든 고양이
고양이가 살찌고 나이 들면 어떻게 하지?

본래 고양이는 신체 능력이 대단히 뛰어난 동물입니다. 그러나 집고양이는 운동량이 부족하기 쉬워 비만 고양이도 많습니다. 또 모든 고양이에게 노화는 피할 수 없는 일입니다. 예전에는 오를 수 있었던 캣스텝을 오를 수 없게 돼 스트레스를 받는 일도 있습니다. 살찐 고양이와 나이 든 고양이는 가능한 한 스트레스를 받지 않도록, 그리고 다치지 않도록 많은 배려를 해야 합니다.

비만 고양이와 나이 든 고양이의 특징

비만 고양이
고양이의 표준 체중은 개체에 따라 차이는 있지만 수컷은 3~6kg, 암컷은 3~5kg입니다. 품종에 따라서도 다르기 때문에 앞에서 소개한 고양이 종류를 참조하기 바랍니다. 앞에서 제시한 표준 체중 이상이 되면 비만일 가능성이 있습니다. 임신을 하지 않았는데 배가 축 처졌다면 주의가 필요합니다. 중성화 수술을 하고 나면 살이 찌기 쉬우므로 수술 회복 후에는 운동 대책을 마련하는 것이 좋습니다.

비만 고양이는 높은 곳에 뛰어오르기 힘들어진다. 설령 올라갔다 하더라도 뛰어 내려오다 관절을 다치거나, 아예 내려오지 못하는 경우도 많아진다.

[고양이 비만도 체크]

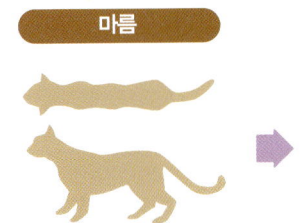
마름
체지방률 14% 이하
갈비뼈와 골반이 보여서 쉽게 알 수 있다. 위에서 보면 허리가 잘록하고 옆에서 보면 복부가 들어가 있다.

이상적
체지방률 15~24%
만지면 갈비뼈가 느껴진다. 위에서 보면 허리의 잘록함을 약간 느낄 수 있고 옆에서 보면 배에 지방이 조금 붙어 있다.

비만
체지방률 25% 이상
지방이 많이 있고 갈비뼈와 등뼈가 만져지지 않는다. 허리의 잘록함은 찾아볼 수 없고 옆에서 보면 복부가 흔들린다.

나이 든 고양이
고양이는 11살이 넘어가면 체력이 저하되기 시작하고, 이때부터 '노묘'라고 불리게 됩니다.

체력·기력 모두 떨어져 하루 대부분을 자면서 보내게 된다. 시력·청력도 저하된다. 화장실을 다녀오거나 할 때 아주 적은 높이 차이에서도 걸려 휘청거리기도 한다.

비만 고양이가 안심할 수 있는 공간 만드는 법

어린데도 비만 고양이가 되어버린 경우, 식사 제한과 운동 등으로 다이어트를 시킬 필요가 있습니다. 캣워크 등을 만들 때는 비만 고양이도 사용할 수 있는 크기로 하여 안전을 확보해야 합니다. 같은 고양이 종류의 표준 체형보다 '20% 크게'를 기준으로 하면 됩니다.

캣스텝 폭: 200~280㎜
(표준 체중 고양이의 경우: 150㎜)

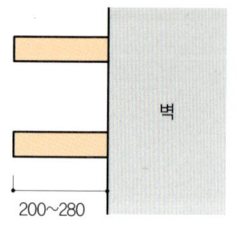

캣워크 폭: 200~280㎜
(표준 체중 고양이의 경우: 150㎜)

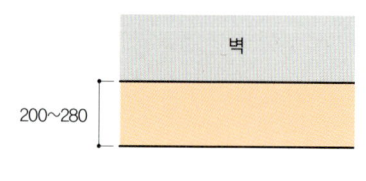

캣타워 발판 폭: 200~280㎜
(표준 체중 고양이의 경우: 350~380㎜)

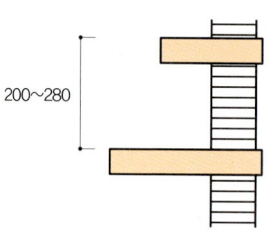

고양이 창 사이즈: 240㎜
(표준 체중 고양이의 경우: 200㎜)

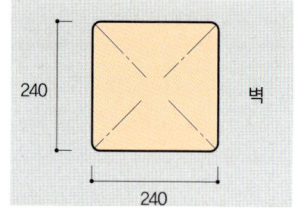

높은 곳 대책은?
벽 마감을 미끄러지는 것으로 하거나 선반 등 디딤판이 될 만한 것을 줄여서 오르기 어렵게 합니다.

다이어트는?
하루에 30분 정도는 운동을 시킵니다. 고양이용 쳇바퀴를 설치하면 의외로 마음에 들어 합니다.

나이 든 고양이가 안심할 수 있는 공간 만드는 법

고양이가 나이 들면 환경의 변화에 대응하기가 힘들어집니다. 고양이의 동선 중에 높이 차이가 나는 곳을 줄이고 일상생활에서 움직여야 하는 공간을 간결하게 정리하여 스트레스를 받지 않게 하는 것이 좋습니다. 일본펫푸드협회의 조사에 따르면 고양이의 평균 수명은 15.75세라고 합니다. 최근에는 20세까지 장수하는 고양이도 있는데, 인간으로 환산하면 96세입니다. 집에 나이 든 고양이가 있다면, 주거공간을 체크하여 고양이가 힘들지 않게 생활할 수 있도록 신경을 써야 합니다.

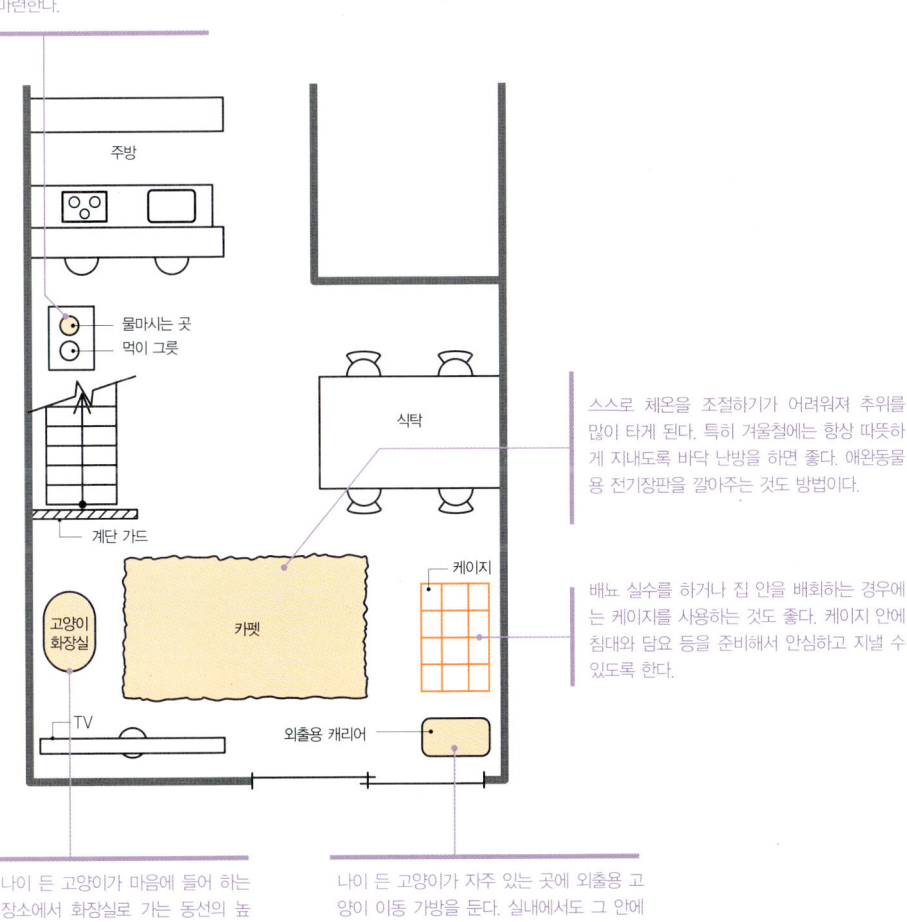

수분 섭취량이 줄어들기 쉬우므로 물 마시는 장소를 더 많이 마련한다.

스스로 체온을 조절하기가 어려워져 추위를 많이 타게 된다. 특히 겨울철에는 항상 따뜻하게 지내도록 바닥 난방을 하면 좋다. 애완동물용 전기장판을 깔아주는 것도 방법이다.

배뇨 실수를 하거나 집 안을 배회하는 경우에는 케이지를 사용하는 것도 좋다. 케이지 안에 침대와 담요 등을 준비해서 안심하고 지낼 수 있도록 한다.

나이 든 고양이가 마음에 들어 하는 장소에서 화장실로 가는 동선의 높이 차이를 없앤다. 침실 가까이에 화장실을 두거나 화장실을 2개 이상 두는 것도 좋다.

나이 든 고양이가 자주 있는 곳에 외출용 고양이 이동 가방을 둔다. 실내에서도 그 안에서 지내는 것이 익숙하면 손님이 와서 다른 방으로 이동시키거나 동물병원에 데리고 갈 때 불안감을 줄여줄 수 있다.

고양이 용품

꼭 갖춰야 할 필수 고양이 용품

　양이를 기르기 위해서는 고양이 이동 가방, 식기, 스크래치 등이 반드시 필요합니다. 화장실과 고양이 이동 가방은 나름의 공간을 확보하지 않으면 동선을 방해해 생활이 불편해집니다. 또 모래와 사료는 어느 정도 비축할 필요가 있고, 고양이가 쉽게 만질 수 없는 위치에 수납해두어야 합니다. 여기서는 고양이 용품을 정리하는 데 어느 정도의 공간이 필요한지를 알 수 있도록 각 용품의 특징과 치수를 소개합니다.

다양한 형태의 고양이 화장실과 모래

최근에는 고양이 화장실과 모래에 대해서도 냄새가 남지 않는 것, 배설물 처리가 쉬운 것 등 다양한 제품이 판매되고 있습니다. 고양이는 화장실의 종류나 위치가 마음에 들지 않으면 참는 경향이 있어서 병에 걸리기도 합니다. 고양이가 마음에 드는 것으로 선택하는 것이 좋습니다.

평판형 화장실

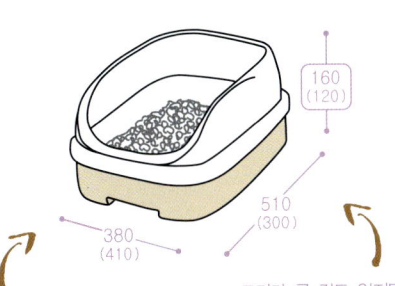

160 (120)
510 (300)
380 (410)

후드형에 비하면 냄새가 퍼지기 쉽지만 배설을 했는지 쉽게 확인할 수 있다.

크기가 큰 것도 있지만 돔 형태에 비해 높이가 낮기 때문에 케이지 안에 들여놓을 수 있다 (괄호 안의 숫자는 작은 크기의 경우).

후드형 화장실

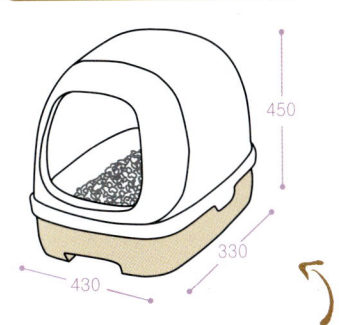

450
330
430

평판형에 비해 냄새가 잘 퍼지지 않고, 고양이가 모래를 뿌려도 밖으로 튀어나가지 않는다는 이점이 있다.

시스템 형태의 화장실

배뇨·배변을 끝낸 부분이 딱딱해지는 형태와 딱딱해지지 않는 형태가 있다. 시스템 화장실은 시트 변을 걸러내는 구조이므로 굳지 않는 모래를 사용한다. 시스템 화장실에도 평판과 후드형 두 종류가 있다. 크기는 거의 같다.

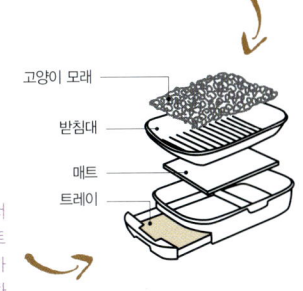

고양이 모래
받침대
매트
트레이

모래 이외의 서랍 부분에 시트를 깐다. 시트가 소변을 흡수하는 구조이다.

모래

모래 알갱이가 크면 오염이 눈에 잘 띄기 때문에 모래 교환 시기를 알기 쉽다. 알갱이가 작으면 배설을 했을 때 더 단단히 굳는다는 것이 장점이다.

고양이가 용변을 보고 굳은 부분만 바꾸면 된다. 1개월에 1번은 화장실을 청소해주면서 모래를 전부 교체한다.

430
150
250

한 마리당 1개월에 7ℓ 정도를 사용한다.

다양한 형태의 고양이 하우스와 이동 가방

고양이 하우스는 쿠션형과 하드형을 조합하여 장소에 변화를 주면서 두 군데 이상 설치하는 것이 좋습니다. 이때 고양이 이동 가방을 활용하면, 병원에 갈 때 소란을 피우지 않고 데리고 갈 수 있으므로 도움이 됩니다.

쿠션형 침대

고양이의 상태를 바로 알 수 있다. 계절에 따라 담요 등도 함께 사용하면 좋다.

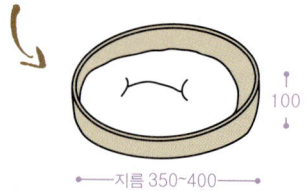

100
지름 350~400

하드형 침대

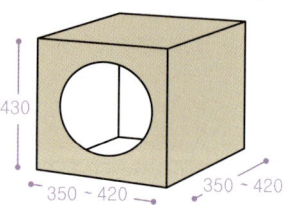

430
350~420   350~420

고양이가 좋아하는 어둡고 좁은 장소를 확보할 수 있다. 온기가 안에 모여 따뜻하므로 겨울철에 특히 효과적이다.

소프트 형태의 고양이 이동 가방

* 크레이트라고도 한다.

250
270
420

사용하지 않을 때는 접어 보관할 수 있어 자리를 차지하지 않는다. 하드 형태와 비교하면 훨씬 작다. 배설물 등으로 더러워질 수 있으므로, 세탁을 생각하면 천연수지나 합성수지로 만들어진 제품이 좋다.

하드 형태 고양이 이동 가방

위아래를 분리할 수 있는 제품이 많고 필요 없을 때는 접어 보관할 수 있다. 높이는 300mm 정도다.

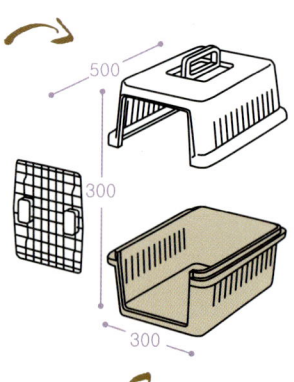

500
300
300

아랫부분을 개방형 침대로 이용할 수 있다. 고양이가 그 장소에 익숙하기 때문에 옮길 때도 큰 문제가 없다.

식기 · 물통 · 사료

물통은 마신 양을 알 수 있는지가 핵심입니다. 사료는 크게 건식과 습식으로 나눌 수 있는데, 건식은 수분이 거의 없어 잘 상하지 않습니다. 습식은 고양이의 수분 섭취량을 늘려 줄 수 있습니다.

식기

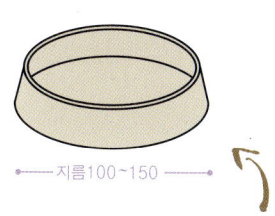

지름 100~150

소재는 위생을 고려하면 스테인리스가 일반적이다. 고양이가 뒤집어엎는 일도 있으므로 흡수성 있는 수건 등을 식기 밑에 깔아두면 좋다.

물통

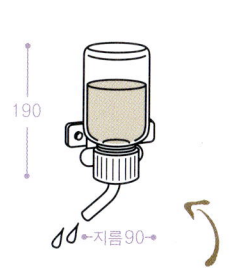

190
지름 90

고양이가 마시고 싶을 때 혀로 볼을 눌러 마실 수 있다. 물을 얼마나 마셨는지 파악할 수 있고 물이 엎질러질 일도 없다. 단, 고양이는 볼을 눌러 물을 마시는 데 서툴다.

건식 사료

380 (400)
180 (200)
100 (110)

그냥 두어도 상태가 변하지 않기 때문에 고양이가 원할 때 먹을 수 있다.

한 마리당 1개월에 2kg 정도가 기준이다. 신선도를 고려해 소량으로 포장된 것 1개월분을 비축해두는 것이 바람직하다. 1일 50~60g 정도가 기준 식사량이다.

습식 사료

지름 70
140
30
지름 70

건식에 비해 풍미가 좋고 고양이가 좋아한다. 위생상 장시간 실온에 방치할 수 없다는 것이 약점이다. 여름철에는 특히 주의가 필요하다.

작품·사진 크레디트

13	「마메시바 남매와 고양이가 사는 O저」 펫 환경 설계 : 컨설팅 카네마키·코쿠보 공간공방, 사진 : 카네마키 토모코
18,19	「OPEN-d」 설계 : 리오타 디자인, 사진 : 세키모토 료타
20	「a circle house」 설계 : 마츠모토 나오코 건축설계사무소, 사진 : 코바야시 히로시
21	「A-FLAT」 설계 : 리오타 디자인, 사진 : 세키모토 료타
23,25	「고양이 집_Si저」 설계 : Fauna Plus Design, 사진 : Fauna Plus Design
28상	「고양이 집_On저」 설계 : Fauna Plus Design, 사진 : Fauna Plus Design
28하	「고양이 집_Na저」 설계 : Fauna Plus Design, 사진 : Fauna Plus Design
29	「아카츠키 집」 설계 : 리오타 디자인, 사진 : 신자와 잇페이
31	「House for Coexistence with Cats」 설계 : Sohei Nakanishi Design, 사진 : 나카자토 요헤이
34상	「고양이 집_Sa저」 설계 : Fauna Plus Design, 사진 : Fauna Plus Design
34하	「OPEN-d」 설계 : 리오타 디자인, 사진 : 세키모토 료타
35	「고양이 집_Se저」 설계 : Fauna Plus Design, 사진 : Fauna Plus Design
49	「고양이 집_On저」 설계 : Fauna Plus Design, 사진 : Fauna Plus Design
53	「헤구리네 집」 설계 : Fauna Plus Design, 사진 : Fauna Plus Design
54	「OPEN-d」 설계 : 리오타 디자인, 사진 : 세키모토 료타
56,57	「고양이와 함께 사는 집」 설계 : 우니코 디자인, 사진 : 624PHOTO 무라타 타케히코
60	「고양이 집_Wa저」 설계 : Fauna Plus Design, 사진 : Fauna Plus Design
61	「니시우래(西浦)저」 설계 : 잼즈(JAMMS), 사진 : 나카죠 유키
64	「아카츠키 집」 설계 : 리오타 디자인, 사진 : 신자와 잇페이
65	「오피스 F」 설계 : Fauna Plus Design, 사진 : Fauna Plus Design
67	「고양이와 리빙 K저」 설계 : 카네마키·코쿠보 공간공방, 사진 : 카네마키 토모코
72,73	「샛길이 있는 집」 설계 : NL디자인, 사진 : NL디자인
75	「고양이 집_Wa저」 설계 : Fauna Plus Design, 사진 : Fauna Plus Design
76	「DOG COURTYARD HOUSE」 설계 : 미츠루 종합계획, 사진 : 히카와 야스하루
77	「후나바시 생활」 설계 : 마츠모토 나오코 건축설계사무소, 사진 : 코바야시 히로시
81	「DOG COURTYARD HOUSE」 설계 : 미츠루 종합계획, 사진 : 히카와 야스하루

84상	「가족과 두 마리의 고양이가 사는 집」 고양이 환경설계 : 카네마키·코쿠보 공간공방, 사진 : 카네마키 토모코
84하	사진 : 다이켄(大建) 공업 제공
85	「고양이와 리빙 K저」 설계 : 카네마키·코쿠보 공간공방, 사진 : 카네마키 토모코
88우	사진 : 토리(東リ) 제공
88중	사진 : 다이켄(大建)공업 제공
88좌	사진 : 후지카와(富士川)건재공업 제공
91	「고양이와 리빙 K저」 설계 : 카네마키·코쿠보 공간공방, 사진 : 쿠마가이 아키라
93,94①~③	「고양이와 리빙 K저」 설계 : 카네마키·코쿠보 공간공방, 사진 : 카네마키 토모코
94④	「고양이와 리빙 OM저」 설계 : 카네마키·코쿠보 공간공방, 사진 : 카네마키 토모코
95	「고양이와 리빙 TO저」 설계 : 카네마키·코쿠보 공간공방, 사진 : 카네마키 토모코
97	「고양이와 리빙 K저」 설계 : 카네마키·코쿠보 공간공방, 사진 : 카네마키 토모코
98,99	「헤구리네 집」 설계 : Fauna Plus Design, 사진 : Fauna Plus Design
100,101	「SKH」 설계 : 히코네 건축설계 사무소 히코네 아키라, 사진 : 히코네 아키라
102,103	「니오 호숫가 맨션 리노베이션」 설계 : ALTS DESIGN OFFICE, 사진 : 후지상회 니시다 마사히코
105	「고양이 집_Mi저」 설계 : Fauna Plus Design, 사진 : Fauna Plus Design
109	「가족과 두 마리의 고양이가 사는 집」 고양이 환경설계 : 카네마키·코쿠보 공간공방, 사진 : 카네마키 토모코
110	「견활묘묘(犬活猫暮)의 집」, 설계 : 카네마키·코쿠보 공간공방, 사진 : 카네마키 토모코
111	「rl세타가야H」 설계 : 에토라 디자인
112,113	「House for Coexistence with Cats」 설계 : Sohei Nakanishi Design, 사진 : 나카자토 요헤이
115	「헤구리네 집」 설계 : Fauna Plus Design, 사진 : Fauna Plus Design
117	「고양이 집_Mi저」 설계 : Fauna Plus Design, 사진 : Fauna Plus Design
121	「고양이와 강아지 집_Si저」 설계 : Fauna Plus Design, 사진 : Fauna Plus Design
124,125	「고양이 집_Sa저」 설계 : Fauna Plus Design, 사진 : Fauna Plus Design
126,127	「Sakai-house」 설계 : F.A.D.S / 사토 유키코+후지키 류메이, 사진上 : F.A.D.S, 사진下 : Sakai
136	「OPEN-d」 설계 : 리오타 디자인, 사진上 : 신자와 잇페이, 사진下 : 세키모토 료타
137	「고양이 집_Na저」 설계 : Fauna Plus Design, 사진 : Fauna Plus Design

주집필자·감수자

이마이즈미 타다아키
1944년 도쿄 출생. 포유류 동물학자. '고양이 박물관' 관장. 동물과학연구소 소장. 세계 고양이과 동물 연구에 매진. 도쿄수산대학 졸업 후 국립과학박물관 특별연구생으로 포유류의 분류·생태를 연구. 문부성(현 문부과학성)의 국제 생물계획(IBP) 조사. 일본 열도 종합 조사. 환경청(현 환경성)의 이리오모테야마 고양이의 생태 조사 등에 참가. 《고양이의 심리》(나츠메 사), 《고양이의 본심》(나츠메 사), 《이리오모테야마 고양이 백과》(데이타 하우스) 등 저서·감수서 다수.
p.22, 26, 32, 39, 44, 51, 52, 66, 74, 78, 86, 114, 129, 131-133, 140-185

카네마키 토모코
카네마키·코쿠보 공간공방
1966년 도쿄 출생. 1급 건축사. 타마미술대학 미술학부 건축학과 졸업. 1998년 1급 건축사 사무소 '카네마키·코쿠보 공간공방' 설립. 주택·점포의 내장설계를 중심으로 가정동물 주거환경 연구가로서 코디네이트 협력 업무를 하고 있다. 저서로 《개·고양이의 마음으로 주거를 생각》(쇼코쿠샤)가 있다. 행정이나 수의사회 등과 협력하여 주택 밀집지에서의 적정 사육과 영양, 환경정비의 지도에도 힘쓰고 있다. 도쿄도 동물애호추진위. 공학원대학 대학원 건축학과 전공. 일본건축완성학회 2013년도 학회상 수상.
p.12-17, 24, 27, 30, 33, 36-38, 40-42, 45, 46, 48, 50, 55, 58, 63, 67, 68, 70, 71, 75, 76상, 80, 82-85, 87, 88하, 90-97, 106-110, 118-120, 123, 128, 135

히로세 케이지
Fauna Plus Design
1969년 효고 출생. 1996년 고베대학 대학원 자연과학연구과 박사전기과정 수료. 2000년 펫 공생주택 전용의 설계사무소로 Fauna Plus Design을 설립. 2008년 국토교통대신상 수상. 2009년 중앙동물전문학교 동물공생연구과 비상근 강사 취임. 저서 《펫과 함께 사는 디자인》(마루젠 출판), 《헤구리 씨 집은 고양이 집》(겐토샤)이 있다. 1급 건축사, 1급 애완동물사양관리사.
p.23, 25, 28, 34상, 35, 47, 49, 53, 59, 60, 62, 65, 75사진, 98, 99, 104, 105, 115-117, 121, 122, 124, 125, 130, 134, 137

● 참고문헌
재미있고 알기 쉽다! 고양이 심리학 (아스펙트)
세계에게 가장 귀여운 우리 집 고양이. 기르기와 예절 (일본문예사)
고양이의 본심 (나츠메사)
고양이 기분 해부도감 (엑스날리지)
전부 이해 묘종 대도감 (학연플러스)
도해 고양이 해부 아틀라스 (인터즈)
고양이 해부 컬러링 아틀라스 (학창사)

● 일러스트
네코마키(ms-work)
우에다 소코
카미나카 카즈하
카미나카 토모리
카메큐
나가오카 노부유키
히라논사
호리노 치에코
야마사키 미노리

집필자

키도 후키코
우니코 디자인 1급 건축사 사무소
1972년 도쿄 출생. 1994년 니혼죠시 대학 주거학과 졸업. 다이세건설 근무 후 베네치아 건축대학. 귀국 후 오카다 사토시 건축설계사무소, KAI도시 건축 연구소를 거쳐, 2005년에 우니코 디자인 1급 건축사 사무소 설립.
p.56, 57

카와카미 켄지
에토라 디자인
1975년 효고 출생. 1997년 이탈리아 유학, IED로마교 참가. 1999년 니혼대학 이공학부 건축학과 졸업. 리빙 프러덕트 아티텍쳐 라보를 거쳐 2008년 에토라 디자인을 설립.
p.111

사토 유키코
F.A.D.S
니혼 죠시 대학 주거학과 졸업. 사카쿠라 건축사무소를 거쳐 2000년부터 F.A.D.S(1급 건축사 사무소 후지키 건축연구실) 공동 주재. 2001~04년 메이지대학 건축학과 겸임강사. 2012년~ 니혼죠시 대학 주거학과 비상근 강사. 2016년~ 도쿄 건축사회 여성 위원회 부위원장.
p.126, 127

스키우라 미츠루
JYU ARCHITECT 미츠루 종합계획 1급 건축사사무소
1971년 치바 출생. 1994년 타마 미술대학 미술학부 건축과 졸업. 같은 해 나카노 코퍼레이션(현:나카노후도 건설) 입사. 1999년 타마 미술대학 대학원 석사과정 수료. 같은 해 복직. 2002년 JYU ARCHITECT 미츠루 종합계획 1급건축사 사무소 설립. 2010년 교토 조형예술 대학 비상근 강사.
p.76하, 81

나카죠 유키
잼즈(JAMMS)
1970년 도쿄 출생. 1994년 니혼 대학 이공학부 건축학과 졸업. 1994년~95년 WORK SHOP, 1995~2002년 키노시타 WORK SHOP, 2002년~ 잼즈 주재(요코제키 카즈야와 공동 주재). 2016년~ 니혼대학 이공학부 비상근 강사.
p.61

세키모토 료타
리오타 디자인
1971년 사이타마 출생. 94년 니혼 대학 이공학부 건축학과 졸업 후, 1999년까지 에디네트워크 건축 연구소에 근무. 2000~01년, 핀란드 헬싱키 공과대(현:알토대학교)에 유학. 귀국 후 02년에 리오타 디자인 설립.
p.18, 19, 21, 29, 34하, 54, 64, 136

니와 오사무
NL디자인
1974년 치바 출생. 1997년 시바우라 공업대학 공학부 건축학과 졸업. 건설회사 근무를 거쳐 2003년 NL 디자인 설립. 2014년~ NPO 법인 이에즈쿠리회 이사. 2015년~ 직업훈련학교 강사.
p.72, 73

나카니시 소헤이
Sohei Nakanishi Design
1979년 도쿄 출생. 2006년 Ravensbourne 대학교 건축학과 졸업. Steve Lidbury Design, 프리랜서 디자이너를 거쳐 2009년에 Sohei Nakanishi Design을 설립
p.31, 112, 113

후지키 류메이
F.A.D.S
1982년 후쿠이 대학 공학부 건축학과 졸업. 1984년 도쿄 대학 대학원 석사과정 수료. 사카쿠라 건축사무소를 거쳐 1991년 F.A.D.S(1급 건축사 사무소 후지키 건축연구실)을 설립. 1994년 도쿄 대학 대학원 박사과정 수료. 2001년~ 공학원 대학 건축학과 조교수(현·건축학부 건축디자인학과 교수)
p.126, 127

히코네 아키라
히코네 건축설계사무소
1962년 사이타마 출생. 1985년 도쿄 게이쥬츠 대학 건축학과 졸업. 1987년 동 대학 대학원 건축학과 수료. 1987년 이소자키 아라타아트리에 입사. 1990년 히코네 건축설계사무소를 히코네 안드레아와 함께 공동 설립. 1999년~ 토카이 대학 비상근 강사. 2010년(사) 건축가 주택회 이사, 2016년~ 동회 이사장.
p.100, 101

미즈모토 스미오
ALTS DESIGN OFFICE
1977년 시가 출생. 전문학교 졸업 후 1998년 사카이디자인 입사, 2012년에 ALTS DESIGN OFFICE설립. 2014년에 주식회사 ALTS DESIGN OFFICE로 개편. 고향 시가를 중심으로 칸사이·칸토권에서 주택 및 점포, 의료, 상업시설 설계 등 폭넓게 활동.
p.102, 103

마츠모토 나오코
마츠모토 나오코 건축설계사무소
1969년 도쿄 출생. 1992년 니혼죠시 대학 주거학과 졸업. 카와구치 미치마사 건축 연구소를 거쳐, 1997년 마츠모토 나오코 건축설계사무소 설립
p.20, 77

고·양·이·와·사·람·이·모·두·행·복·한
고양이를 위한 집 만들기

초판 1쇄 인쇄 2018년 12월 1일
초판 1쇄 발행 2018년 12월 7일

지은이 | 이마이즈미 타다아키, 카네마키 토모코, 히로세 케이지 등 공저
옮긴이 | 한원형 · 조혜숙
편집장 | 김민정
제 작 | 장천
기 획 | 서희경
마케팅 | 김형석
디자인 | 디자인현

펴낸곳 | 시사문화사
펴낸이 | 김성민
등록번호 | 2-124
전화 | 02-716-5465
팩스 | 0303-3446-5000
주소 | 서울시 마포구 토정로 222(신수동) 한국출판콘텐츠센터 301호
이메일 | sisa-identity@naver.com

한국어출판권 ⓒ 2018, 시사문화사
ISBN 978-89-7323-380-9 13610

- 이 책은 저작권법에 따라 보호 받는 저작물이므로 무단 전재와 복제를 금지하며,
  이 책 내용의 전부 또는 일부를 이용하려면 반드시 저작권자와 시사문화사의
  서면 동의를 받아야 합니다.
- 파손된 책은 구입하신 서점에서 교환해 드립니다.
- 이 도서의 국립중앙도서관 출판예정도서목록(CIP)은
  서지정보유통지원시스템 홈페이지(http://seoji.nl.go.kr)와
  국가자료공동목록시스템(http://www.nl.go.kr/kolisnet)에서 이용하실 수 있습니다.
  (CIP제어번호: CIP2018034393)